健康是最高明的投資

沒有健康

理財無用

宋炎本 / 著

重生

最痛，是腹部開刀後的咳嗽；
掙扎，是坐立難安的嘔吐；
無助，是舉步維艱的暈眩；
絕望，是刀傷腹脹全身癱軟的磨難。

甘露，是禁水三天後的第一滴；
玉食，是禁食六天後的第一口；
舒暢，是腹脹三天後的排氣；
生機，是全身管線的逐一拔除。

親情，是妻兒日夜的不離不棄；
手足，是兄姐天天的噓寒問暖；
友情，是四面八方的祈福鼓勵；
恩情，是今昔長輩的無盡關懷。

意外，是人生轉彎處的提點；
轉彎，是回首的不捨；
放下，是不捨的雖然；
重生，是放下後的豁然！

炎本　寫於2014年住院開刀後

目錄

＊圖片來源：123RF（http://tw.123rf.com）

推薦序

無私分享大病過後的健康領悟

楊定一（簽名）

　　宋炎本先生與我是因為《真原醫》這本書而結緣。2014 年宋先生因為經歷一次重大疾病的威脅，而對健康有了深刻體會。2015 年我們有機會巧遇，宋先生熱切地與我分享他重拾健康的心路歷程，以及對於《真原醫》一書的許多心得。當時的交流，令我對宋先生追求健康的用心與決心印象深刻。相信讀者朋友對宋炎本先生在金融界的深厚資歷與傑出貢獻也相當熟悉。這次宋先生無私地將自己在罹病之後，對健康生活的追求與實踐，點點滴滴毫不保留地與讀者分享，希望以親身經驗幫助有心追求健康的朋友。對於宋先生個人能以開放的心胸接納《真原醫》理念，並且徹底執行，最後還願意將自己親身經驗透過各種演講管道、出書方式，立願回饋社會並幫助大眾促進健康，這樣的發心令人感到敬佩。在此，衷心地祝福宋炎本先生，可藉由這本書的分享，開拓出一條服務奉獻的路，也希望本書能提供所有重視養生的朋友許多實用具體的保健建議。

　　最重要的是，利用此機會，提醒讀者朋友：《真原醫》指的是全部的健康，也可稱為全部的生命，不是靠「忙著做」或追求資訊可得到的。其實是靠生命價值觀念的改變，也唯有一切意識觀念的轉變，才可達到全部的放鬆、全部的解脫、以及全部的領悟。

長庚生物科技董事長　楊定一

賺到無數個 0，若沒開頭健康那個 1，一切枉然

我曾經為台北市頂尖的豪宅做健檢，幾億元的花費加上幾千萬的裝潢，可惜沒有一家不存在一堆致癌物或有害身體的因素，所以我有一個推論：懂得理財的人都不懂得養生。

炎本兄是一個非常罕見的例外，除了作為一個理財專家之外，他涉獵各種健康的訊息，每次與我交談，我常常驚訝於他的博學。更難得的是，他決定把有關人生安全相關問題，不論財務安全或生命安全，寫成一本書。拜讀這本書的時候，我覺得在台灣除了少數不學而能的天才，人人都需要看這本書。因為理財書滿天飛，但是靠著理財，賺到的無數個 0，如果沒有開頭健康的那個 1，一切都是枉然。書中有關健康的論述都是炎本兄個人的身體力行，比起坊間一些沒有根據，連作者都沒有經驗的說法，這本書的價值真是不同凡響。爰為之序。

腎臟科名醫，無毒食材專家　江守山

推薦序

在健康的路上一起努力

韓柏檉

本書的作者宋炎本，是我高中 - 台中一中的同班同學，想當年，他是那麼的高大帥，功課又好，是我羨慕與望塵莫及的、有高不敢攀的感覺。上了大學，同學們各自各奔前程，也不常聯絡，在這幾年，大家年紀有了，開始了同學會，才開始收拾童年的往事，也細數過去的點滴，了解最新的狀況。

有一天，宋同學告訴我，他開完刀，出院正在休養中，問了我好多的問題。我當時有點震驚，因為他是那麼的注意保養、潔身自愛的人，當下我只有想盡我所知、盡我所能幫助他，他也對於我過去大病重生的經驗與奮鬥的過程，包括出了三本書：《排毒舒食盛宴》、《真原味的實踐》、以及最近的新書《降癌18掌》，都瞭如指掌。從言談中，他已經確定了未來康復之路要如何的去學習，而且也感受到他內心充滿一股相信、臣服、實踐與持久的心態，讓我非常的感動，所以我們就在健康的路上一起努力了。

最近同學出了新書，要我寫推薦序，我當然義不容辭，因為我現在也自詡自己是一位健康傳播者，生過病的人能將一生的精華、人生的經歷透過一本幾百元的書，讓很多人可以看見我們人生的這一切，這是何等的緣分，當然，我能夠先睹為快更是榮幸。

由於宋同學的經歷、財經背景，讓他寫這本書格外的全面，包括了財富、保險與健康，這不是人生最重要的一大區塊嗎？這本書

裡面可以看到他對於投資和保險以一個過來人的經歷與實務演練，把大家的錢分為保命錢、投資錢、投機錢三筆，讓大家如何有一個心安的態度去理財，如何有一個心安理得的生活態度去從事健康的經營，我個人認為這是一本現代人非常重要的、值得學習細讀的好書。

保險、投資、健康是人生的三張安全網，但是能夠三合一的書並不多，就像能夠三合一、身心靈都能夠兼顧的書也不多，所以這本書就是告訴我們心安是理財的最高境界，更是得到健康的第一步。看了書之後確實能夠讓我們更為理解、更能夠心安理得的去從事財富的規畫。

現在的這個社會，心安非常非常的重要，大家都聽過：定而後能靜、靜而後能安、安而後能慮、慮而後能得。這幾句話，在心安之前有一個更重要的話就是「知止而後能定」。在現代的社會中，大家非常的忙碌，忙到無法停止手邊的一切，包括腦袋的運轉思考，所以要心安談何容易呢？這裡有一本好的引導的書，讓大家有一個依靠、有一個遵循的方向，這樣就更能夠從實際生活面去得到心安，加上如果能夠靜下心來、停止一些活動，安安靜靜的好好看上書中所敘述的內容，相信所有的讀者將大有所獲。

朋友們，一切一切都是剛剛好的發生，怎麼會有這個機緣看到這本書？這就是緣份。也只有當下接受他、體驗書中的所言所語、實際的行動方案，實際的操作、持之以恆，慢慢的，我們會放下很多的執念，這樣子，我們的人生就會越來越圓滿。請大家一定要先給自己一個承諾、一個願意，這樣子就可以開啟我們內在一個新生命、新行動的開始，這樣我們對於理財、對於健康將有一股強大的

力量趨近，一定能完成我們所期待的，也就是心想事成。先看、先
聽、先體會，這是我們兩位戰勝病魔走過來的心聲，分享給各位，
希望各位能夠再把這些愛與關懷分享出去，讓這個世界更美好，大
家更健康快樂。

台北醫學大學公共衛生暨營養學院教授　韓柏檉

管他保險準不準，投資穩不穩，健康就是不能等

　　若你已「心安理財」，有錢實現夢想，也有錢度過急難，那真要恭喜你！然而，最原始的財富起點，並非投資，也不是保險，而是健康！因為，你的錢，有健康是資產，不健康會破產，沒健康變遺產。若從理財的觀點來看健康，其實，健康是最「高明」的投資、最「慈悲」的保險！

　　健康的投資報酬率非常「高」。譬如年薪30萬（月薪25K），雖不算是高所得，但卻等同利率1%的定存3,000萬的年息，或投資100萬、每年都賺到30%。後者的投資績效恐怕連股神華倫・巴菲特（Warren E. Buffett）都要自嘆弗如！所以，健康才是理財真正的本錢！有健康方可工作建立穩定的財源，後續也才會有錢做投資和保險。反之，若沒有健康，就算家財萬貫，卻沒命花錢，人生豈會光「明」？另一方面，買了保險之後，若真的得到理賠，是「慈」以利己；若自己很健康、沒有理賠，那你繳的保費就是幫助了別人，「悲」以利他。

　　投資可過好日子，保險可過壞日子，健康可過好跟壞日子。健康的第一步是心安！醫學已經證實，健康跟信念和情緒息息相關，患者若對自己的健康有信心，就可啟動療癒流程。反之，若心不安定或充滿負面想法，將使賀爾蒙分泌不正常，就算錢再多、吃再好、運動再努力，仍不會太健康。如果你能照著「保險準，投資穩」的

方法「心安理財」，擁有夠用的錢實現夢想、安身立命，但沒有成為錢的奴隸，那真值得喝采！然而，理財終究只是造成心情起伏的千百種原因之一，就算擺脫了理財的困擾，我們面對上班、上課、家庭、宗教、社會等日常點滴，隨時隨地都還會產生數不完的念頭，帶出各種喜怒哀樂的情緒，我們的心情還是很難安定。所以如何緩和念頭，讓紛至沓來的念頭慢一慢、情緒緩一緩，才是讓心安靜下來的關鍵。我的幾個體悟包括「認真，不當真」的人生觀，感恩和愛的生活觀，較易上手的靜坐和呼吸方法，以及「體驗當下」的一些方式。心靜了，後續的飲食、運動、排毒，才會更有效果。

　　一般人若病痛纏身、心身俱疲，意識就很容易被身體困住，分分秒秒感覺到的都是身體或心理的具體痛楚，哪還有餘力去想到靈性方面的虛無境界？反之，若心情安靜、飲食正確、運動全面，又能好好排毒，便可在心身安頓之餘，更有機會把意識轉到靈性方面，進一步體悟《真原醫》所說身心靈合一的全面健康。

健康不能等

✔ 飲食
均衡
低溫
原味

✔ 運動
三個內容
四個步驟

✔ 靜心
認真，不當真
活出愛
靜坐與呼吸
體驗當下

✔ 排毒
排泄、排汗、
睡覺、呼吸、
正念、
學 baby

靜心：
「緩和念頭」，讓心安靜下來

「心安」是理財的最高境界，更是健康的第一步！

有人說人類很奇怪：他們急著長大，然後又哀嘆失去的童年；他們以健康換取金錢，然後又想用金錢恢復健康；他們對未來焦慮不已，卻又無視現在的幸福；他們活着彷彿自己從來不會死亡；直至臨死前，又彷彿從未活過。

要健康，先要能心安。然面對理財的變幻莫測，你心安嗎？賺到錢，開心享受，卻又擔心花光了怎麼辦？賺到更多錢，又開始想著如何享受更多，或避稅、給小孩、做慈善，煩惱似乎不減反增？虧錢呢？你做得到降低慾望嗎？還是怨天尤人？除了理財，人生的種種抉擇也讓心不得安寧。讀什麼學校、科系？做什麼工作？跟誰成家？何時做何事？也許茫然不知所措，或是下定決心後卻又擔心結果不如預期？選這個、看那個；走這邊、又想著那邊。心，沒有一刻安靜。其實錢財和人生各種抉擇再怎麼規劃，還是有許多無能為力的不確定性。但是心要安靜，不假外求。我上班三十多年，不管做什麼都非常投入，每天勞心勞力、念頭一堆、情緒起伏劇烈，怎麼宣洩都來不及，這樣經年累月下來的結果，就是失去健康，生死關前走一遭。楊定一博士常講「把念頭踩個剎車」，本章就來聊聊我自己康復重生後，常練習的「緩和念頭」的體悟，從這些日常實踐中，我是真的感受到自己有所轉變，心也更加安靜。

　　安靜的心是我們最原始的狀態。在娘胎的十個月裡，偶爾踢踢腿、翻個身，沒有任何念頭和情緒，只是安靜快樂地漂浮在羊水裡。直到出生，有了七情六慾，念頭便開始出現，心便開始躁動不安。不過，我們偶爾還是會回到靜心的狀態，譬如躺在大草原或沙灘上放空，或是全心工作到忘我的時候。古今中外，靜心的方法到處都有，光宗教、哲學、醫學、心理學、瑜伽等領域就不知凡幾。然而不管用什麼方法，靜心的第一步就是讓念頭慢下來，踩個剎車，緩和情緒。

靜心
不是要**做什麼**（do something），
而是要**不做什麼**（do nothing）。

一、你認真嗎？當真？

　　人生有太多的煩惱。有煩惱，就會有壓力；有壓力，就雜念紛飛，心就靜不了；心不靜，就不會健康；不健康，要錢做什麼？如果你投資失利、病痛纏身，做何感想？你應不會因此高興吧？現在，想像你在演一齣戲，戲裡你就是這個倒楣的人，你把他的沮喪和恐懼演得入木三分，可是，真正的你會難過嗎？不會的，因為你知道台上這一切都不是真的，下台後就結束了。

　　認真，讓你成為一個好演員；不當真，讓你不會困在戲裡的角色而心神不寧。

　　如果你把人生也看成是一場戲呢？如果投資賺錢賠錢、保險有無理賠、身體生病或健康，都只是人生這齣戲碼的安排，不必當真，那麼你面對種種壓力，是否也會比較釋懷？是否也比較能夠接受一切喜怒哀樂？這樣子，你的心是不是會比較安靜一些？我自己就是在失去健康之後，體會到用「認真，不當真」的態度來過日子，可以比較容易緩和念頭去面對人生的無常和煩惱。若這病不是真的，只是另一種形式的提醒，那我還擔什麼心？若你認真之後，還可用一切都不必當真的心態去面對後果，命苦就不會抱怨、運好也不會雀躍；不論是被害者或加害者、乞丐或王子，都只當成是戲裡的角色、都不當真，如此便可一舉把煩惱和壓力連根拔起、徹底剷除。

　　認真，讓我們凡事盡力，問心無愧，心安理得，活出生命的

正面價值；不當真，讓我們一無所求，無欲則剛，坦然接受生命的負面恩典。

做投資要認真，賺錢虧錢不當真；買保險要認真，有無理賠不當真；生病復健要認真，康復與否不當真。唯盡人事、聽天命，認真努力過了就放下，後果好壞不當真，心，自然安靜。像這樣人生如戲－上台認真演出、下台都不當真－的生活態度，可為我們的心帶來相當程度的平靜。而且話說回來，如果人生真的就只是一場虛擬實境的遊戲呢？戲是假的、舞台是假的、連演員也不是真的，心都沒了，又何求安靜？

禪宗二祖慧可大師請求達摩祖師：
「弟子心未安，乞求師父為我安心。」
祖師言：「把心拿來，我為你安心。」
慧可當下覓心，不可得，
答道：「我找不到我的心。」
祖師言：「我已為你安好心了。」

然幾千年來，人們一直都被教導要「認真，又當真」。人生要有目標，然後要認真去實現。有了好的結果，才可以有名有利，過好日子；或是得到自我實現的成就感。萬一結果不如預期，就要找出原因並加以改正，然後不屈不撓、百戰不懈。這樣子認真，固然帶動了人類社會的不斷進步，然而把一切都當真，卻反而帶來許多煩惱和壓力。因為認真又當真，就會有所求，希望努力不會白

費，付出的心血能得到好的、真的成果。於是在等待結果揭曉的過程中，心情起伏不定、坐立難安。最後結果出來了，好就高興、壞就沮喪，心，怎麼可能安定？把貧賤困頓當真，臨終難免自怨自哀；把富貴福壽當真，死時終究捨放不下。如此認真又當真，不論好壞，心，都永無寧日！

也有少數人是「不認真，卻當真」。成天做白日夢，好高騖遠，不腳踏實地努力，卻想要有好的結果。可是，好事不會平白無故冒出來，於是便怨天尤人，怪自己命不好、運不濟。這樣子，心也不可能安靜吧？

還有些人是「不認真，也不當真」。任何事都不當一回事、不認真；對後果好壞也都無所謂、不當真，一派灑脫、玩世不恭的樣子。這種人凡事不認真，遇到困難就放棄，完全沒有活出生而為人的價值，學不到人生的功課，可說是辜負了難得的人身，枉過一生。

「認真，不當真」也可看成是當代佛學宗師聖嚴法師所說「面對它、接受它、處理它、放下它」的另一種闡釋。認真面對、接受、處理；然後放下，不必當真。凡事隨緣，因緣未到，急也急不來；因緣熟了，慢也慢不下。

認真，做世俗事、了無遺憾；不當真，不受世俗影響，靈性成長。這樣子，心，就靜了。

所以，你當真嗎？認真？

二、活出愛

面對人生的愛恨情仇，我們心煩意亂或心安理得，其實都僅存乎一心。

在極痛與深愛之間

我認識一位媽媽生下一個可愛的男嬰，卻不到一週就往生。懷胎十月的母親當然痛不欲生。後來有人寫了一段話給她：

驚聞噩耗，雖然關心，卻不敢打擾，猜想妳現在一定哀痛逾恆，需要清靜。這種痛，刻骨銘心恐還不足以形容！

有人說人生是痛苦的，也有人認為人生是美麗的。還有一種觀點拋開對人生好壞的評價，單純地認為人生是來互相學習的－不管痛苦還是歡樂。妳的 baby 跟妳相處十個月是讓妳感受無比的愛。出來幾天就走，是要妳體會深刻的痛。在這深愛跟極痛之間，見證生命的可貴和無常，讓妳更加珍惜生命的分分秒秒和未來的每一個遭遇。

妳的 baby 選擇用這種極端的方式，讓妳體會到這種極端的愛與痛。也只有妳當他的母親，才可能經歷這種體驗，這世上再無第二個人有這樣的機會。因為妳自己深層的痛，所以妳會給別人更多

的愛。妳的 baby 將透過妳的堅強,來啟發世人對生命的體悟。他瞬間即逝的模糊身影,卻散發著無比的光彩!相信未來妳走出來之後,妳將成為一個慈悲大愛的人,散發更加美麗的光輝。

生命的每一個存在和發生都有它的機緣,如果我們能從中學習,從而發揮更多生命的光亮,那麼這些事件便是正面的;如果我們被打敗了,沮喪消沉,那就辜負了這些事件。妳說妳的 baby 會希望妳選擇哪一種呢?

一件事公平與否,可能見仁見智,永遠沒有答案。但要用正面還是負面去看待,則在一念之間。負面情緒會導致內分泌不正常,健康惡化。正面感恩的人,不但會改善健康,且遇到再壞的事都能很快走出陰影,重拾光彩。投資界有句話說:「你無法影響股市的線圖,但你可以改變嘴角的曲線。」大跌,微笑感恩有低點可進場;大漲,微笑感恩有獲利可出場。漲跌都好,心平氣靜。負面的人就不一樣,大跌,哀怨套牢;大漲,嫌賺太少。漲跌嘴角都下彎,心裡永遠忐忑。抱著感恩之心理財,可緩和念頭,不心煩意亂。賺錢,我幸;虧錢,我命。有錢,也許多滿足幾個夢想;沒錢,清心寡慾,說不定反而更能走上靈性之路。《哥林多後書八章1-5節》:「他們在患難中受到極大考驗的時候,他們滿溢的喜樂和極度的貧乏,匯流出豐厚的慷慨來」。

「愛」,是生命的答案

楊定一博士說:「愛是我們的本性,而且是最直接、最大的

力量。用螺旋場來比喻，愛是扭力和速度都最高的螺旋場，也是我們在大自然隨時可以體會到的。是這樣，我們才對愛特別感興趣，而在人間不斷自然地想回到它，或和它接軌、得到共振。」

許多人在經歷生命的種種考驗之後，都認為感恩和愛才是世間的終極歸宿。

股神巴菲特在美國大學演講時有學生問：「你認為什麼樣的人生才是真正的成功？」他的回答沒有談到財富，而是：「其實，你們到了我這個年紀的時候就會發現，衡量自己成功的標準，就是有多少人在真正關心你、愛你。」他還說了一個人生祕密：「金錢不會讓我們幸福，幸福的關鍵在於是否活在愛的關係裡。所以一個人的成就，不是完全以物質衡量，而是一生中，你善待過多少人，幫助過多少人實現夢想，有多少人懷念你。」「生意人的帳簿，記錄收入與支出，兩數相減是盈利。人生的帳簿，記錄愛與被愛，兩數相加是成就。而當你在計算有多少人關心你時，別忘了把我 +1。」

馬克‧吐溫（Mark Twain）說：「時光荏苒，生命短暫。我們沒有時間去爭吵、道歉、傷心、斤斤計較。我們只有時間去愛，哪怕只有一瞬間，也不要辜負。」

李開復博士在《我修的死亡學分》說：「學會感恩，讓我打從內心感受到平和與愛，這種愛，來自於親人、朋友之間的關懷，也來自於我跟萬物、跟眾生的一體感。於是，我不再批評這個世界存在的許多缺陷，我只相信，所有的生命都在不斷學習、成長；而所有的缺陷，也都是在趨向圓滿的過程之中。」

愛因斯坦更在一封給他女兒的信裡寫道：「……宇宙中存在著一種極其巨大的力量，到目前為止，科學界還沒有找到一個合理

的解釋。此力量包容並主宰其他一切,它存在於宇宙中一切現象的背後,然而人類還沒有認識到它。這個宇宙的力量就是『愛』。……愛是光,照亮那些能夠『給予』和『接納』它的人。愛是引力,它讓人們彼此互相吸引。愛是力量,它把我們所擁有最好的東西又加倍變得更好,它使人類不會因無知的自私而被毀滅。愛可以開展和啟發。因為愛,我們生存及死去。……這個力量可以解釋任何事情,並賦予生命意義。……愛是宇宙中最巨大的力量,因為它沒有極限。……如果我們人類還想要存活下去,如果我們想要追尋生命的意義,如果我們還想拯救這個世界和居於其間的有情眾生,『愛』是唯一的答案!」

心靈四功課:感恩、懺悔、希望、回饋

　　日常生活中,隨時隨地都可以用具體的行動活出愛。謝謝你身邊的每一個人,謝謝你吃的每一口食物,謝謝周遭發生的每一件事情。捐錢、捐物者,因捨而富。攙扶盲人過馬路、送便當給獨居老人、快閃表演、義診、淨灘、淨山等捐輸勞力者,因服務而喜樂。說好話、寫好文、畫好畫、春聯揮毫等捐腦力者,無異廣結善緣。分享自己的經驗,供他人借鏡,則因分享而更豐盛。自己用愛生活,進而影響他人向善,更是人性的光輝。被尊為非洲之父的諾貝爾和平獎得主史懷哲醫師(Albert Schweitzer)說:「唯有知道如何奉獻的人,方能得到真正的快樂。」佛教的早晚課、天主教、回教和基督教的禱告,也都是感恩和愛的具體實踐。每天練習《真原醫》的「感恩、懺悔、希望、回饋」心靈四功課,更容易把心安靜下來。

感恩：感恩所有的試煉與照顧。

- 常說：「謝謝、感恩、有你真好。」

- 股神巴菲特說：「當有人逼迫你去突破自己，你要感恩他，他是你生命中的貴人，也許你會因此而改變或蛻變。」

懺悔：徹底懺悔過去和此刻的一切過失。

- 常說：「對不起、我錯了、我很抱歉、請原諒我。」

- 《了凡四訓》：「務要日日知非，日日改過。」

希望：希望改正⋯⋯的行為；希望未來會⋯⋯，這是對生命的無條件信心。

- 可以對著一個自己信仰的對象說：「在你的幫助之下，我知道我會⋯⋯。」

- 信仰的對象可以是任何宗教的聖人、或是自己認同的某人或某種信念。

回饋：發願自己改善了以後，要為人們服務。

- 可以說：「我將⋯⋯（做什麼事）來為他人服務。」

- 愛要做到不求回報。《金剛經》云：「菩薩無住相布施，福德亦復如是不可思量。」也就是愛人沒有目的、不求回報，這樣布施的福德果報，大到無法想像。

感恩、愛、慈悲，是人的本性。就像風會吹、水會流、太陽會閃耀。沒有人叫它們這樣，它們就是這樣子，這樣子就是它們的本性。所以，我們不必刻意去愛，只要把負面念頭撥開，愛和慈悲自然就會流現出來。心，就安靜了。

試試看，凡事不計較是否公平，只用感恩和愛，念頭會緩和；理財會更順；心，會更安定。

活出愛

當單國璽樞機主教得知自己肺癌末期時，當下心亂如麻：「為什麼是我？」但虔誠祈禱之後，他轉念了：「為什麼不是我？」，感恩天父給他這麼好的機會，用晚年殘病之軀，去見證畢生奉獻的大愛！心，靜了。

於是他利用生命最後的歲月，深入國內大小城鎮、學校、社團、監獄，在數百場演講中，用極度的無懼豁達，映照極度難纏的病魔，烘托出生命極致的感動，因而救贖了成千上萬人的心靈。極度殘缺往往孕育極致完美。他寫道：

「夕陽西沉何感傷，不沉哪能迎朝陽；
朝陽光芒彌宇宙，遍撒大愛和希望。」

三、一分鐘就上手的靜坐與呼吸方法

請坐下來，輕閉嘴唇，用鼻孔正常呼吸：

1. 輕吸一口氣，腹部輕輕往外凸起，吸到八分滿。
2. 停半秒鐘。
3. 再慢慢吐氣，腹部輕輕隨著內縮；吐氣的時間要比吸氣的時間長一些。
4. 現在，請閉上雙眼，重複上面的步驟幾次。

恭喜！

你已經會靜坐了！

靜坐是「緩和念頭」之重要法門，可讓你的理財更輕鬆！一則因為心靜之後，情緒更穩定，思考更清晰，投資更不會犯錯，賺錢機會就大增。二來靜坐可改善心身健康、減緩失智，你買的醫療和長照類保險，保障不足的風險就會大減。

靜坐也可以讓你更健康！維持大腦皮層於年輕時的水準，減少失智；而且可把心、腦、呼吸、肌肉和神經等所有頻率完全和諧同步，使整個生理運作順暢，包括免疫、消化、呼吸、循環及思考能力等。

靜坐更可以讓你很快樂！削弱感官限制、釋放心靈，從而激發出無比的潛能與創造力，變得更慈悲、更體諒、更包容，帶來豐富的幸福感。

靜坐和呼吸密不可分。呼吸可以有意識地控制，也可無意識地自行運轉，故可當成有形的身和無形的心相互連結的橋樑，甚至是意識轉變的重要工具。透過一些特別的呼吸方法，可讓人放鬆、改善健康、轉變意識。譬如常見的腹式呼吸、《重生：蛻變於呼吸間》《呼吸的自癒力》《好睡》介紹的每分鐘 5~6 次的諧振式呼吸和四短一長的淨化呼吸法等等，還有各門各派許多的呼吸法門，都各有奧妙。

呼吸具有改善心身的特性，跟靜坐簡直就是一體兩面。常常呼吸練著練著，就進入靜坐超脫的心理狀態；或是靜坐坐著坐著，呼吸就慢了下來，並且跟血流和五臟六腑的振動頻率同步。

腹式呼吸（橫膈膜呼吸）

人體的自律神經分成交感神經和副交感神經，前者是油門，把人武裝起來，準備應付緊張的局面；後者是剎車，讓人休息放鬆、消化順暢。腹式呼吸可活化副交感神經，所以常被用於需要放鬆的靜坐之中。

我們平常無意識的呼吸，多半是淺而短的胸式呼吸，胸部隨呼吸起伏，腹部幾乎沒有動作，特別緊張吸氣時，腹部甚至還會內縮。若採腹式呼吸則會深而長，可提高氧氣利用效率，減少呼吸次數，從而讓人比較平靜。腹式呼吸很簡單，就正常吸氣、吐氣緩慢深長、輕舒勻綿。吸氣約百分之八十即可，不必吸滿，橫膈膜下沉，帶動腹部往外膨脹，胸部也因肺部吸氣膨脹而微微擴張。吐氣的時間約是吸氣的 2~4 倍，氣不必吐盡，腹部輕鬆內縮，胸部也自然放鬆。在生氣、悲喜、上台前等情緒緊繃的時候做腹式呼吸，可以很快讓自己緩和念頭、安定下來。飯後、搭車、入睡前做，休息可更充分。上班族午休時，坐著閉上眼做腹式呼吸會比趴在桌上壓迫腹部，得到更好的消化和休息效果。若還能同時做逆舌身印（輕鬆把舌頭往上往後捲，輕抵上顎），會更加放鬆。這樣在日常空檔中不斷練習，就隨時都在養息。《神奇的內核心呼吸》《好睡》等書對腹式呼吸都有深入的介紹。

不過，不要誤會分分秒秒都要做腹式呼吸。在運動、勞動或從事任何需要專注或比較激烈的活動時，需要的是正常呼吸，或是隨心跳加速的呼吸，把交感神經叫出來踩油門讓人振奮、提升戰鬥力。這種場合，腹式或諧振式等讓人放鬆的呼吸方法，就不恰當了。

靜坐的姿勢

　　若只是單純放空或靜心冥想，則不論行站坐臥，只要輕鬆舒服即可。譬如《四大瑜伽》CD 中的練習，只要全身放鬆、穩定，便可進行。但若要體內能量真氣流暢，則鬆而不垮就很重要，全身從頭到腳都放鬆，微收下巴，閉上眼睛。脊椎自然端直、不能垮，也就是保持頸椎和腰椎自然的彎曲弧度，不彎腰駝背，但也不像立正那樣挺直。脊椎是能量在體內最重要的行走路線，保持其自然曲線，才不會壓迫五臟六腑，體內能量的流動才會順暢。若因故無法端直，不妨先順其自然，練習日久、氣機順暢後，就會不知不覺自然端直了。這是因為靜坐可以反過來導正不良的姿勢。如果心身足夠放鬆，體內能量流暢，人體自然會調整成對健康最好的姿勢，不管筋骨酸痛或臟腑運作，都可改善。

　　古今許多靜坐的方法都會全程做逆舌身印，光這樣舌抵上顎就可活化副交感神經，讓人放鬆。

　　坐姿：衣物寬鬆舒適保暖，雙腿單盤、雙盤或散盤坐在蒲團或軟墊上。腰背輕鬆挺直、微收下巴，臀部要墊高 2~10 公分，不然就容易身體後仰、腰背緊繃，脊椎就無法保持自然端直。墊高的高度跟個人體態、筋膜關節鬆緊、雙腿單 / 雙 / 散盤都有關係。高度對的話，前腹、後背、下腰、臀部、大腿內側跟鼠蹊部都不會緊繃。兩肩輕鬆往後往下放，雙手輕放膝上、大腿上或小腹，手心向上或下皆可。有些法門要求手部做特定的結印姿勢，也自有其道理。靜坐時，腦後不要吹到風；腿上最好蓋條大毛巾，以免毛細孔打開後受到風寒。若坐椅子，則坐一半或三分之一，不要靠椅背，這樣才

可保持脊椎自然端直；同時兩腳掌平放貼地、與肩同寬，跟臀部成
為三角形，穩住重心，身體才不會緊繃。

躺姿：平躺，微收下巴，兩眼微閉。不一定要放枕頭，若用
枕頭，則高度要剛好讓額頭跟下巴在同一條水平線上，這樣就可保
持脊椎自然端直。兩手掌相疊置於小腹或肚臍上；或平放身體兩側，
手心朝上最好，若覺緊繃，則順其自然；也可側躺，下面的手掌撫
臉，上面的手輕鬆放在身體側邊上。躺著很容易睡著，雖然靜坐效
果可能打折，但總也是好的休息。若要避免昏沉，只要挑精神好的
時間來做就可以了。

站姿：兩腳分開與肩同寬，輕收小腹，微收下巴，兩眼微閉，
頭頂百會穴與海底會陰穴成一直線，脊椎自然端直，兩肩往後往下
放鬆，兩手自然下垂。

靜坐的兩大類方法

靜坐有兩大類方法。第一大類是「止」，也就是把注意力集
中在單一對象。可以是一個小點，如體內的關竅（能量點）、凝視
香頭或白紙上的一個紅點等等；或是一個器官或部位，像心、胃、
左腳大拇指（《真原醫》說的白骨觀）等；也可以是一個感官或念
頭，譬如吐氣時反覆從 1 到 10 默數（數息）、聽經咒、聽頌缽、
聽靈性音樂、聽海濤聲、默念經咒、唱聖歌、看著呼吸（觀息）、
聞香、想像身體某部位發光、注視真炁在體內運行的路線等等。像
這樣把注意力持續停駐在單一對象的練習，最後會在大腦產生一個
新的神經傳導路徑，於是所有的念頭都落到這個路徑，集中到一

點，緩和而不再紛亂，心就會靜下來。

第二大類是「觀」，什麼都不想（隨息），就只是靜靜地坐著，沒有任何念頭，讓體內炁機自行流動。若有念頭出現，就只輕輕地觀看著它，讓它來、讓它走，不加任何的解讀或判斷。譬如突然想到明天禮拜一要上班，就看著「明天要上班」這個念頭，但是完全沒有「唉，上班好累，真不想去」、「真棒，明天那筆生意就會成交」之類的好壞情緒在裡面。這就像鏡子只是忠實地反映進入鏡中的物像，鏡子不知道它是什麼，更不會因而生出喜怒哀樂的念頭。物像來、物像去，鏡子本身沒有任何變化，正所謂物來即應、過去不留。在這樣無思無想的境界中，該來的就會來，不該有的就不會有，不忮不求，念頭緩和，心自然會安靜下來。

打個比方，「止」就像是「抓」住一個東西，而「觀」則像「放」掉所有的東西。這兩大類方法是一體兩面、相運相生。練一個，最後自然就會走到另一個；而且經常同時出現，只是比重不同而已。

靜坐法門多不勝數，各有妙處。南懷瑾大師的《靜坐修道與長生不老》介紹佛道密儒的靜坐。詠給・明就仁波切在《你是幸運的》書中，詳述打坐的姿勢，及止、觀和慈悲的禪修方法。崑崙仙宗的劉培中老師也曾傳下一整套道家的靜坐法門。不過，不管練哪一種，只要不是旁門左道或迷戀各種神通玄妙；練起來舒服、也不會心神不寧，最好就從一而終，不要換來換去，不然每條路都走一半，效果只會打折。靜坐本自在，法門萬千，貴求適性，不拘門派之見、法門之分。你的機緣遇到的，就是最適合你的，倒不必在乎什麼靜坐方法才是最好的。

容易上手的靜坐方法

我們的腦袋多數時間都往外想，想公事、想關愛的人、想賺錢、想美食、想東想西，就是沒有往內想！一天二十四小時，你可曾花幾分鐘感受呼吸的氣息、身體的脈動？甚至單純放空、什麼都不做、不想、就只是發呆？其實最簡單的靜坐就是放空發呆。只要輕鬆舒服，任何姿勢、任何場合都可，每天放空幾分鐘，什麼都不想，你自然會感受到身體微細的律動，此時就算體內能量不怎麼通暢甚或病痛纏身，但你的念頭緩和，心緒清明。若再配合腹式呼吸或舌抵上顎，效果更佳。若因而睡著，更是難得的心身同時休息。

《真原醫》介紹的數息、觀息、隨息也很容易上手。《呼吸瑜伽》CD 及《靜坐的科學、醫學與心靈之旅》的隨書 CD，都有靜坐觀念、姿勢、數息、觀息的聲音導引，只要邊聽邊做，就有效果。《光之瑜伽》《四大瑜伽》CD 更有整個心身的觀想導引，也值得參考。還有，中華崑崙仙宗道功研究會的道家養身功法，法鼓山等修行場所，也都有適合一般人的靜坐方法，不妨去看看。

數息是在吐氣的時候，反覆從 1 數到 10，把注意力集中在所數的數字上面。觀息則是注視著一呼一吸的動靜，感受呼吸的粗細、快慢、胸腹的起伏，或是用意念亦步亦趨地緊跟著氣息的路線移動。這兩者都是用計數或看著呼吸這個單一念頭，讓你不知不覺忽略其他所有的雜念，這樣子把念頭緩一緩，心就可以靜下來，是「止」的功夫。若到最後連計數都忘記、呼吸也感覺不到了，就會進入什麼都不數、不觀、不想、不做，亦即「沒有方法的方法」的隨息境界，此時心平氣靜、炁機流暢、靈光閃現，是「觀」的法門。

　　靜坐時，別人從外面看你只是坐著不動，可是你的內在可能會出現各種感覺或現象，譬如麻熱脹冷、真炁滾動、身體震動或搖動、也可能看到光或某種畫面、聽到某些聲音、聞到某些氣味等等。其實，這些現象都不需理會。它們都只是無常的過程，會來也會走，不必追求、也無需阻止，不然心就靜不下來。反正也很難辨別到底是幻覺還是真有其事，所以，就不必在意，才不會被帶走。一旦出現，就讓它來，看著它就好，把自己當成鏡子，不要有任何想法或動作，它該留就會留，該消失就會消失。只要記得身體和心思都放輕鬆就好，唯有放下，放掉這些來來去去的無常現象，放掉期待它們出現或消失的想法，方可做到緩和念頭，心，才會真正安靜。

　　每當投資理財心煩意亂、不知所措時，調勻呼吸、靜坐一下，先把心安定下來再說吧！如果你夠安靜，心，會給你答案。

鬆

　　第一次見到楊定一博士時，談到我打坐的狀況，他只提醒我一個「鬆」字。我練習的體會是：

　　身體要鬆：盤坐時要能放鬆、卻又要能坐挺，臀部墊高和核心肌群是關鍵。把臀部墊高可調整重心，讓肌肉用最小的力量便輕鬆坐挺。若身體會偏前偏後，那是因重心不對，導致腰背、大腿內側和鼠蹊部用力，此時調整墊高的高度就可改善。腰腹背的核心肌群夠強，方可在髖膝踝關節不緊繃的狀態下，久坐不痠麻。另外，平時也應多做拉伸或結構調整，鬆開筋膜和關節。

　　呼吸要鬆：不要因為注視呼吸，就下意識地緊繃（像皺眉或歪頭）。要做到輕舒勻綿。

　　思緒要鬆：心平氣和，不要被念頭帶走或執迷各種現象。

　　時間要鬆：不要非坐多久不可，三、五分鐘或一、兩小時，順著感覺就好。

四、體驗當下，然後放下

　　現在，請你左手握拳，伸出食指，然後專心看著食指尖的指紋，有必要的話，打個光、用放大鏡也可以。看清楚之後，再翻到下一頁……

　　請問，你剛剛有看到左手另外四根手指嗎？有看、沒有到？為什麼？因為你專注當下、心無旁騖！還有，你剛剛的心是安靜的吧？因為在體驗當下的那一刻，你沒有雜念。這就是當下的力量！不管做什麼，只要專注當下，就可緩和念頭，心，就會安靜下來。

　　任何場合、任何時間，我們都可以練習專注，去體驗當下。看雲、月亮星星、一棵樹、一朵花、一顆石頭、聞花香、草香、聽風聲水聲、鳥叫蟲鳴，只要專注，自有一番意境。吃飯時，感覺米飯的香、蔬菜的甜，以及每一次咀嚼時，牙齒跟食物磨蹭的觸感。靜坐時，注意一呼一吸的律動。聽音樂時，閉上眼，讓每個音符從耳朵鑽進心裡，帶出整個旋律的感動。聽別人講話時，用友善的眼光輕輕看著對方，不左顧右盼，手腳身體不亂動；不但用耳朵聽到對方的語音，也用心聽到語音背後真正的意涵。還有運動、工作、唱歌、跳舞、讀經、持咒、祈禱、拜佛/聖母/基督/阿拉，只要專注當下，心就會靜下來。我自己就喜歡一邊聽口白、聖樂、靈性音樂或經文，一邊做瑜伽、結構調整或螺旋拉伸等較和緩的運動，在那些樂音的平和聲中，把注意力落在動作上，心就會很安靜。

　　至於每天的大小事，不論好壞，我們若能接受當下、情緒不起伏、不反彈，心就不會躁動。譬如有人惹你生氣或是你被罵得很委屈，不論對錯，先不急著反彈嗆回去，而是深吸一口氣、接受你很生氣或是被罵到很委屈這件事，同時跟自己說：「It's all OK，沒事的」。然後閉上眼、繼續深呼吸、看著呼吸，感覺呼吸牽動的肌肉、帶出的氣動或麻熱脹的感覺，這樣把注意力從激動的情緒，轉移到身體的知覺和感受，心就會安靜一些。這些練習，可參考《神聖的你》《不合理的快樂》等書。投資賺虧、保險理賠、病痛、傷

心，都可以這樣去面對。

體驗當下，然後放下！好事壞事全部接受，深呼吸、看著呼吸，通通放下。念頭緩和了，心就靜了。然後，就像許瑞云醫師說的，一個人在心境清明之下，自己的身體自然會知道吃什麼最好，而不是被慾望帶著，去吃那些好吃但不見得健康的東西。接下來，我們就來談談如何心安飲食。

飲食：
「均衡、低溫、原味」的心安飲食

　　無形的心安靜了，有形的身也要淨化。吃對，是淨化這個有形肉體的第一步。無奈近年食安風暴層出不窮，每個人都談吃色變。毒胡椒粉事件後，愛吃鹽酥雞的人變少了；黑心油、毒澱粉、病死豬、毒雞蛋、毒鴨蛋、黑心鴨血等等，也都搞得人心惶惶。到底該怎樣才可吃得美味又心安呢？當今談吃的書和網路資訊愈來愈多，可卻讓人更加無所適從？

　　我自己是在失去健康後，為了自救而讀了很多，可是知道愈多卻愈不知所措！這個不能吃、那個必須吃，有時忘記了，吃之前還先跑去翻書，搞得自己神經兮兮。後來在幾位醫學及毒物專家的教導下，用自己的身體慢慢體會，歸納出「均衡吃低溫調理的原味食物」這個準則，或可濃縮成「均衡、低溫、原味」六個字，將複雜的食安資訊化繁為簡，讓我很容易判斷什麼該吃、什麼不該吃，輕鬆避開食安陷阱，同時攝取營養保留較多的真食物。

　　我沒有受過任何醫學和營養學的訓練，但卻跟你一樣，希望在食安陰影之下，吃得心安。這裡就是我的學習心得，跟你分享。

　　若願多付點錢，你當然可以買些較貴的有機食材，甚至通過幾百項毒物檢驗的食材來吃。其實，就算是在傳統市場或一般超市買的食材，只要挑選有信用的店家，正確清洗烹調，並遵循均衡、低溫、原味的飲食原則，一樣可以吃得相對乾淨、心安。然當今環

境汙染太嚴重，再怎麼小心，還是不可能完全避免毒物進入體內，所以還需要最後要談的排毒六招來補救。

一、均衡：食物四分法/少幾口肉多幾口菜 + 微量元素 + 吃好油 + 喝好水 + 天然調味品

　　做好資產配置是提高投資勝算的天條，也就是要同時投資不同性質的資產。相似的，均衡吃各種食物也是正確飲食最重要的第一步，不但可得到各種養分，且可避開營養失衡、寒熱不均的缺點。反之，若偏食或持續大量吃單一食材，則容易生病。當今網路上流傳許多就是這一味的妙方，譬如抗癌食物第一名、抗老首選、防失智就要吃這個等等。這些都未考慮個人體質和當時的身體狀況，若真的天天大量地吃，萬一體質不合，將生大病！譬如體質燥熱者，大啖羊肉爐、薑母鴨，就可能流鼻血、便秘、渾身不舒服。體質虛寒者，大吃生冷的蝦蟹貝類、再配上冰涼的啤酒，不拉肚子才怪。

　　中醫把人的體質分成幾種，多數人都是混合體質，而且可能會改變，但其中最主要的體質主線，則終生少有變化。要搞清楚自己的體質主線，可找個中醫把脈，或參考陳俊旭博士的《解開你的體質密碼》或中醫書籍。《補對體質，更養生》就舉例，連喝茶也要看體質，像抗癌的綠茶，若脾胃虛寒的人長期大量飲用，將適得其反！還有，虛寒體質也不適合大量偏涼的生機飲食。若真要集中攝取單一食材，建議還是要看醫生，遵醫囑為上策。一定要記住，每個人的體質不同，對別人有效的飲食，不見得對自己也好。

　　也就是說，對體質寒熱極端的人，均衡飲食至少不會出大錯；而對不是極端體質的多數人來說，均衡飲食、不偏食，就是最好的

健康良藥。另外，每個人都會對某些食物過敏，我們應遵從身體的反應，避開自己不舒服的食物。吃到不適合自己的食物，身體會告訴我們，輕則無精打采、脹氣、發熱、發冷、發麻、噁心，重則上吐下瀉、便秘、起疹子等。

天天檸檬水增強免疫？週週喝蜆湯保肝？

我有個朋友很養生，每天上班就是一大杯水加三片檸檬。這樣喝了幾年，去做健康檢查，居然得到癌症！奇怪，不是增強免疫嗎？後來他去看了中醫，把完脈就問：「你是不是每天都吃酸的東西？」「你的體質絕對不能吃檸檬、鳳梨、醋！」

另一個友人，練氣功二十多年，工作認真，有天突覺腹痛難耐，一檢查竟是肝癌末期。中醫問他：「你有沒有經常固定吃什麼？」他說：「我母親看我工作勞累，經常煮蜆湯給我喝，說這樣保肝。」中醫說：「蜆仔寒性很重，正常體質的人吃還可以，你是大寒體質，難怪吃了會生病。」

食物四分法 / 少幾口肉多幾口菜＋微量元素＋好油＋好水＋天然調味品

行之有年的食物金字塔是均衡飲食的標準。我實行過一陣子，但總覺得要算一天吃幾份、熱量多少等，實在很麻煩。後來發現近年已轉為餐盤的概念。美國 USDA 頒布了 MyPlate，我國衛福部也大力宣導「我的餐盤」，建議均衡攝取六大類食物。自然醫學博士陳俊旭更簡化為食物四分法，將餐盤分成四等分，蔬菜、水果、澱粉、蛋白質，各佔餐盤的四分之一（這讓我不禁想起，常見的資產配置

也是四類：現金、股票、債券、房地產）。只要花一秒目視，就知道吃得對不對。

然《真原醫》指出，人體對蛋白質的需求其實只要 10~20% 就夠了，而蔬果比例則可拉高到 50% 以上。所以，先從四分法出發，然後少吃幾口肉（這是蛋白質）、多吃幾口菜，就接近了。

食物四分法

上圖最特別的是微量元素，我們吃進來的所有營養都需要微量元素幫忙，方可被身體吸收，《真原醫》《好睡》《降癌 18 掌》都特別強調這一點。最簡單的補充方式，就是攝取新鮮的蔬果。可惜當今多數土地都被過度使用，地力耗盡，蔬果生長的土壤裡本該

有的微量元素幾乎蕩然無存。所以，我都會到生技公司買些微量元素來額外補充。

底下就逐一說明上圖的內容。

蔬果要「彩虹、當令當地、生熟食各半」

蔬果幾乎含有人體所需的全部營養。包括纖維、蛋白質、脂肪、澱粉、礦物質、維生素、數千種酵素，及數萬種植化素，可抗氧化、抗發炎、調節免疫、抗突變、抗腫瘤。蔬果最重要的飲食概念是「彩虹、當令當地、生熟食各半」。彩虹指的是多樣化，要各種顏色都吃，而且可能的話，最好刷洗乾淨後，連皮整個食用。當令當地的蔬果不但能量最強，且因生命力旺盛，所以不必用太多農藥就可豐收，豐收了就會便宜。你只要看到市場裡堆滿一地，一把 20 元、三把 50 元的菜，八九不離十就是當令當地！還有水耕、溫室、網室栽培的蔬果，因為隔離病蟲，農藥疑慮也較少。要小心的是颱風或豪雨前後，若未達安全採收期就提前搶收，農藥衰減不夠，殘留量就會太高。另外，季節水果最好上市一個月後再買，因為有些農戶為了搶先上市，可能會施打生長激素。至於進口蔬果，也許口味特異，然不但較貴，且運送時間長，能量衰減不說，有沒有用殺菌劑防止腐壞，也很難說！

蔬果要怎麼吃方可保留最多的營養素呢？答案是乾淨蔬果多生食，沒把握則熟食。主流觀點主張儘量生食，以得到完整酵素和各種營養素。因為酵素在 48℃ 不到半小時就蕩然無存，54℃ 以上則瞬間失效。不過主張蔬菜要熟食的也大有人在，像江守山醫師、已故俠醫林杰樑都擔心菜葉上肉眼看不到的蟲卵，一般的洗菜方

法，很難去除（須用超音波洗菜方可，少數餐廳有），故他們絕不生食，主張加熱殺死蟲卵後才吃。我自己也是有把握乾淨的菜才生吃，不然外食就不吃生菜，包括沙拉、包肉的菜葉、漢堡裡的菜葉、舖盤的菜等。另外，系統性農藥（見下一段）可在熱水中溶出，煮熟也較安全。潘懷宗教授則主張蔬菜生熟交替吃，可得到最多營養素。至於水果，當然就生吃啦。新鮮水果打的果汁固然不錯，但要注意別喝太多，不然會攝取過多糖分。還有，水果到底餐前還是餐後吃，眾說紛紜。較沒有爭議的是，在正餐前後一小時、甚至是兩頓正餐之間吃水果。如下午三、四點吃水果、加點堅果、黑巧克力，取代一般充滿加工脂肪和糖分的精緻糕點，就很不錯。要注意，飯前肚子空空時，不要吃鳳梨、柑橘、檸檬、番茄等會刺激胃黏膜的酸性水果，或是會引起胃石症的柿子、黑棗、桔子、石榴、山楂等。還有，糖尿病人、胃食道逆流、胃酸過多、消化性潰瘍的病人，也要儘量避免空腹吃水果。最後提醒，不可只吃水果、不吃蔬菜，因水果糖分多、熱量高，吃多會胖，尤其不利糖尿病人控制血糖。

　　清洗蔬果首先須知農藥分兩大類。系統性農藥會被吸入整株植物體內，無法用清水沖掉，但因是水溶性，故浸泡便可溶出，或中小火煮水加熱幾分鐘即可（不必煮滾）。接觸性農藥多殘留於植物表面，用流動的清水去沖洗最有效。其次，不同蔬果的清洗方式會有差異，包括水果、葉菜、瓜、根莖類、筍、菇、花椰菜、芽菜、蔥、蒜、米、豆、五穀等等，《正確洗菜》一書有詳細說明。基本上，用大量清水沖洗是必要的第一步，再加上搓、刷、切、浸，就可有效清洗。

　　（1）沖：先用大水沖掉塵土，再用流動小水沖洗十分鐘以上。

（2）搓：搓洗蔬果表面。

（3）刷：開大水、用刷子輕刷凹陷處。打蠟的蘋果可先泡溫水，再輕刷外皮。

（4）切：切除近根部的部位。玉米突出的軸部農藥殘留最多，務必切除。青江菜、娃娃菜、高麗菜、包心白菜等，可先去蒂頭，再逐片剝開洗淨。

（5）浸：透過前面四步清除大部分接觸型農藥後，再浸泡幾分鐘，溶出水溶性的系統性農藥，記得多換幾次水。浸泡不必超過十分鐘，避免營養流失。

遇到枯水期，沒有那麼多水洗菜時，可全部燙過再吃，但切記不要喝湯，因農藥都流入湯裡面了。有人會加入小蘇打粉清洗，認為鹼性的小蘇打可去除某些酸性的農藥。另外，若用蔬果清潔劑清洗，務必再用大量清水沖過，避免二次化學殘留；若用臭氧機洗菜，則室內通風必須非常好，不然長期吸入過多臭氧，有引發肺部疾病之虞。至於用鹽水、洗米水洗菜，其實沒什麼效果。

談到蔬果，免不了會問，素食還是葷食好？答案其實因人而異。你可連續試個幾天，讓身體告訴你。我自己以前常吃麵、煎牛排、炸排骨、烤雞腿，也喜歡麻辣鍋等重口味，以致大便很臭、稀爛不成形，當時也不太在意，反正吃了就會拉嘛。後來改用四分法，並少吃幾口肉、多吃幾口菜，還三不五時只吃蔬果不吃肉，結果大便成條、浮著，而且顏色變淺、幾乎沒有味道。更重要的是，整個人變清爽，不會覺得身體重重的。有了這樣的體會，才知道飲食均衡清淡的重要性。簡單均衡的飲食，比複雜多樣的美食更能使營養素被人體充分吸收，廢物也較少。

天然澱粉蒸、煮、燙

天然澱粉比精製澱粉好。前者指未加工的五穀、根莖類。譬如糙米、胚芽米、麥片、堅果、薏仁、綠豆、紅豆（但黃豆是蛋白質）等五穀；及地瓜、馬鈴薯、山藥、芋頭、蓮藕、南瓜、玉米（但玉米筍是蔬菜）等根莖類。至於精製澱粉縱然好吃卻不利健康，像精緻糕餅、洋芋片、白米、白麵包、白麵條、去胚芽的小麥等。活動量大的人可多吃澱粉，而久坐活動量小的人，吃多則易發胖。澱粉的吃法以蒸、煮、燙最安全。高溫烹調會產生丙烯醯胺致癌物，120°C 開始出現，超過 160 °C（正常用油煎炸便極易超過）更會大量出現。像炸薯條、洋芋片、窯烤披薩、胡椒餅、油條、燒餅、油煎蛋餅、蔥油餅，能少吃就少吃！ 2018 年歐盟就規定薯條不可炸太焦、麵包也不能烤到太深色。還有營養豐富的地瓜，最好不要高溫煎或烤，只要電鍋蒸熟就很美味，最多再用 100°C 烤一下就可以了。低溫烘烤的原味堅果是很棒的澱粉、好油和蛋白質的來源，但若油炸或烘烤過度就不好了。

新鮮蔬果、水煮蛋和魚肉是優質蛋白質

我們熟知的肉、蛋、奶就是常吃的蛋白質。肉類的蛋白質以魚較佳、白肉次之、紅肉最差。然而，肉類蛋白質經過烹調，不但易變質、難消化，更會增加腸道的負擔。反而，新鮮的蔬果才是蛋白質的最佳來源，像堅果的蛋白質和油脂都很好，是很棒的零食。另外，組成蛋白質的氨基酸中，有八種必需胺基酸人體無法自行合

註：含有八種必需胺基酸的蔬果：豆類、胡蘿蔔、甘藍菜、球芽甘藍、羽衣甘藍、芽菜、白色花椰菜、玉米、馬鈴薯、地瓜、櫛瓜、茄子、秋葵、番茄、香蕉、小黃瓜等。

成，須從食物中攝取＊。

至於蛋白質的吃法，不管肉蛋奶或是蔬果，仍以蒸、煮、燙最安全。你喜歡吃荷包蛋、炒蛋、歐姆蛋嗎？其實它們的蛋白質都因為高溫劣化，營養價值遠不如水煮蛋。蛋白質高溫烹調會致癌，肉類的肌酸成份在高溫烹調時，會轉變成異環胺（HCA）致癌物，所以烤肉、燒肉不宜多吃。鮮奶或牛奶火鍋，若經過 80℃ 以上的烹調，蛋白質會變性凝固、引起維生素流失及乳糖變性，影響吸收。還有，儘量少吃內臟和皮。若飼料或環境有抗生素或其他毒物，多半都會積存在內臟和皮下脂肪。所以很多人喜愛的豬肝、腰花、大腸、魚皮、魚肝、雞皮等，還是少吃為妙。

心安吃好蛋：用水調理的蛋

好蛋：蛋是非常優質的蛋白質，以帶殼水煮蛋、蛋花湯、溫泉蛋、水波蛋、蒸蛋最佳；滷蛋次之，但不能滷太久。其中又以帶殼水煮蛋第一名！營養保留最多、氧化最少。（廚房紙巾對折再對折、沾濕到剛好滴水的程度，放進電鍋底部，蛋洗淨擺上面，蓋起來壓下開關，七、八分鐘後開關跳起來，就是熟度剛好的水煮蛋！）

市售茶葉蛋：是水煮的，理論上應該不錯。問題是茶葉有無農藥殘留？有無添加焦糖色素去加深顏色？蛋是否洗淨再煮？

不好的蛋：炸蛋、烘蛋、煎荷包蛋、炒蛋。因為高溫會使蛋白質劣化。

食物四分法簡單易行，譬如準備一盤乾淨的生菜，加些水果、水煮蛋或堅果、蒸個小馬鈴薯或地瓜，最後淋上好油好醋，就是簡

單又均衡的早餐。用番茄切片或青菜舖盤,上面放條抹鹽的魚,整盤蒸熟後,配碗胚芽米飯,就是營養的午晚餐!

吃好油

人體需要各種單元/多元、飽和/不飽和脂肪酸。每天吃好油,是健康必須的。但若吃的是壞油,就易造成過敏、心血管疾病、肥胖、失智、甚至癌症!不幸的,壞油卻到處都在,像糕餅常用的酥油、白油,都是含反式脂肪的人造壞油,很多餐廳也常使用便宜的氫化油。那麼,要如何分辨好油壞油呢?

愈接近大自然原始面貌,愈是好油,以植物油居多,但必須是天然、沒汙染、未發霉、未經高溫烘烤煎炒的植物、種子或堅果,冷壓出來的。像冷壓苦茶油、橄欖油、酪梨油、芝麻油、花生油、葵花油、亞麻仁油、南瓜籽油、葡萄籽油、大豆油、玉米油、酪梨油、椰子油、月見草油、黑種草油等等。好油易氧化、不穩定,多半高溫炒炸就會氧化變質;應趁新鮮食用,以涼拌、低溫烹調為主;開瓶後須冷藏避光,以免變質。動物油方面,富含 Omega3、DPA、DHA 的魚油,只要來自的乾淨海域、未受重金屬汙染,也是好油。至於豬牛羊雞鴨鵝等陸上動物的油,對健康好壞的爭議較多,但若未受汙染、不食用過量且搭配攝取足夠的蔬果,會相對安全。

均衡飲食的原則也適用於油,各種好油的成分各異,都要吃,我家就常備五、六種好油。人體內的 Omega3(抑制發炎)和 Omega6(幫助發炎)須維持一定比例,方可製造健康的細胞膜。然富含 Omega6 的大豆油、沙拉油、玉米油等到處都是,而含 Omega3

的食物卻不多，使得現代人攝取的 Omega3 嚴重不足。所以，日常最好刻意多吃些無汗染的魚油、鯖魚、秋刀魚、虱目魚；印加果油、亞麻仁油、紫蘇油等。至於含 Omega6 較多的芝麻油、葵花油、葡萄籽油等則不需刻意攝取；而動物性的豬油、牛油、植物性的椰子油等飽和性油脂則酌量即可。

如何選好油？

有機原料、冷壓生產的植物油最好！怕光、多用深色玻璃瓶或鐵桶裝；大多數冷藏會凝固。

芝麻油以淡黃褐色、淡淡清香、無焦味者為佳。顏色愈深者、香氣愈濃，但也可能過度焙炒。

椰子油室溫下冬天會凝固、夏天水狀無色，不一定要買有機，因為椰子不需使用農藥；但一定要冷壓初榨的，才能避免化學加工。

橄欖農藥很重，所以橄欖油要選有機、冷壓初榨（Extra Virgin 或 Virgin）。冷壓初榨純橄欖油生飲、涼拌最好。最頂級、酸價不高於 0.3% 的純橄欖油也可以高溫炒炸。酸價愈低，愈耐高溫、也愈貴。一般炸的溫度至少 180°C。酸價 0.3% 的冷壓初榨橄欖油發煙點達 190°C，0.1% 者更可達 220°C。不過話說回來，高溫還是會破壞橄欖油的多酚與維他命 E，降低營養價值。另外，也有便宜、耐高溫炒炸的橄欖油，但那就都是化學精製過或摻合大豆油、玉米油等的調合橄欖油，跟冷壓初榨、低酸價的好油天差地遠。

最後，與同類油相比，好油多半較貴。（但你又能吃多少？）

壞油方面，含有人造反式脂肪的不完全氫化油是萬惡之油！常見於食品加工必用的人造奶油、白油或酥油之中。所以各種加工

零食、奶精、冰淇淋、巧克力、乳酪、早餐穀片、冷凍食品、咖哩調理包等，以及蛋糕、餅乾、薯條、洋芋片、甜甜圈等油炸或烘焙物，吃多了就不利健康。反式脂肪會損害腸道菌和細胞膜、誘發糖尿病、產生大量活性氧破壞細胞、增加失智的風險、增加壞膽固醇，導致動脈硬化或心肌梗塞。凡標示 fat spread、酥油、植物油脂、植物性食用油、加工油脂等的食品，就很可能用了不完全氫化油。美國食品藥物管理局（FDA）、世界衛生組織（WHO）及我國衛福部，都已陸續明令禁止或呼籲不要在食品中使用不完全氫化油。然而，再好的政策也需要廠商遵守，且加工過的食品不但營養所剩無幾，更含各種搞不清楚的添加物。所以，若為了口腹之慾，加工食品淺嚐即可，多吃不宜。

另外，發霉原料、化學精製、氫化或氧化的油，也都是壞油。發霉種子做的油當然不好。精製或氫化的油則是用化學製程把不穩定的植物油變得耐高溫、不易變質，然原有風味盡失、營養破壞殆盡，更可能含有反式脂肪及會破壞神經細胞的 4- 羥基壬烯酸。很不幸的，一般店家為降低成本、穩定品質，用的多半都是這種油，所以外食族除了少吃油膩的餐點外，很難避免。

再來，氧化的油也不好，凡磨成粉之種子、堅果、十穀粉、養生粉等，若產生油耗味，就是裡面的好油氧化變成壞油了，故務必密封冷藏。再好的油，只要加熱冒煙就是劇烈氧化、立刻變成壞油，請毫不猶豫倒掉！多數的植物油都不耐高溫煎炸，較廣為人知耐高溫的植物油有苦茶油、玄米油（米糠油）、葡萄籽油等。

各種油的冒煙點都不一樣，如《表1》，適用的烹調方式也不同。一般中火炒約 160°C，大火炒煎炸則約 180~200°C 上下。較安全的低溫烹調方式請參稍後的《表2》。

《表 1　油品的冒煙點》

油品的冒煙點參考值		較適合之烹調方式
純天然、未精製的好油	亞麻仁油，約 107°C	涼拌、水炒
	葵花油（不同等級）107°C~160°C	涼拌、水炒、小火炒
	花生油、非基因改造大豆油 / 玉米油，約 160°C	小火炒
	芝麻油、天然奶油、椰子油，約 177°C	中火炒
	冷壓橄欖油，一般約 160°C~190°C；酸價 0.3% 的冷壓初榨橄欖油發煙點達 190°C、0.1% 者更可達 220°C	涼拌、水炒、煎炒炸
	玄米油、苦茶油、酪梨油、杏仁油、榛子油、葡萄籽油，均約 210°C~220°C	煎炒炸
	芥花油是有爭議的油，冒煙點 190°C~232°C；若未精製且非基改，則可列入好油	煎炒炸
	豬油 182°C、牛油 220°C	煎炒炸
精製或氫化過的油	芥花油是有爭議的油，冒煙點約 190°C~232°C，若精製過，可達 204°C~246°C；常見的所謂沙拉油多是精製過的芥花油、大豆油、玉米油，或是它們的混合油，而且除非特別聲明，不然也不排除是用基改原料製作的	煎炒炸
	精製過的玄米油、苦茶油、橄欖油、芝麻油、葡萄籽油、葵花油、大豆油、玉米油、花生油、椰子油，約 230°C~250°C	
	精製過的酪梨油約 271°C	

註：本表乃作者由參考書目和市面資訊整理而得，僅供參考

　　較有爭議的幾種油，包括大豆油、玉米油、及英文為 Canola Oil 的芥花油（有三個名詞常被混用：芥花油、芥花籽油、及英文為 Rapeseed oil 的菜籽油）。這些油若是天然冷壓、沒有精製過，其中的不飽和脂肪酸是有利健康的。可惜的是，食品業用的或市售的這些油，很多都是較便宜而穩定的精製油，對健康非常不利；且除非特別聲明，不然也不排除是用基因改造的原料。而被廣泛使用的沙拉油、調和油多半就是用這些油調和而成。基改食物對人體的影響，學界仍莫衷一是，請自行斟酌。

　　還有一種油，吃多了很不好，可是你我卻吃了很多很多！那就是棕櫚油。它跟椰子油是植物油中唯二的飽和脂肪酸（跟陸上動

物油一樣），可吃一點，但吃多了可能造成肥胖和心血管疾病，且高溫加熱後也可能產生反式脂肪和 4- 羥基壬烯酸。你一定說：「我根本沒買過棕櫚油啊！」你不知道的是，棕櫚油是看不見的油，因為它很便宜、抗氧化、炸物酥脆，所以被用在幾乎所有的加工食品中，像泡麵、糕點、餅乾、煎餅、米果、洋芋片、巧克力、冰淇淋、鬆餅、各式炸物、咖哩塊、美乃滋、即時料理醬等等。印尼和馬來西亞大量種植棕櫚樹，造成雨林快速消失，冰島政府就宣布抵制含棕櫚油的商品。棕櫚油生產過程也有許多風險，像使用除草劑、農藥、添加可能致癌的 BHA 抗氧化物等。

　　人造奶油、酥油、沙拉油、棕櫚油對健康都很不好，但卻很難避免！自保之道，唯有少吃加工食品、精緻糕點；外食的時候，選擇清淡少油，不吃油炸物和看不出原料的醬料、調理包或火鍋湯底。不然很可能不知不覺就吃進一堆壞油。

在台灣吃花生要小心

　　台灣地處亞熱帶濕熱環境，花生極易發霉，產生致命的黃麴毒素，肉眼完全看不到，且要加熱至 280℃ 以上才會被破壞，一般烹調溫度沒這麼高，煮了也沒用！

　　花生帶殼完整無破損變色的較安全，鮮採現煮現吃更好。至於花生粉、花生油、花生醬、花生粒、花生酥、花生糖等，除非有把握原料沒有問題，最好少吃。

　　其他五穀雜糧、堅果、豆類、南北乾貨、辛香料、醃漬類、古法釀造製品、地瓜粉及麵粉等，若無真空包裝或開封後沒冷藏，也易遭黃麴毒素汙染。另，用汙染過的玉米、五穀雜糧餵食的家畜、魚蝦，其內臟及牛乳、蛋，也含較高的黃麴毒素。

喝好水

　　人體 70% 是水，只喝水、不吃東西可撐一個月；不喝水的話，不到一個禮拜就掛了。水也有好水和壞水。乾淨、無糖無冰、室溫的水（約 25℃）最好。來自大自然未被汙染的礦泉水、冰山水，未經人為加工、過濾，沒有人為添加物，且在產地直接包裝、二十四小時內封罐避免細菌孳生、運送存放過程也未受汙染，便是優質好水，玻璃瓶裝更佳。

　　那什麼才是危險的壞水呢？礦泉水若來歷不明、封罐前已汙染、運送或存放過程中又遇高溫助長細菌，則是壞水。井水、山泉水最怕的是土地被汙染，不要直接就喝。颱風或大雨過後，含沙量、原水濁度偏高，自來水廠會添加較多的氯。若裝濾水器，濾心一定要定期更換，否則反會變成細菌的溫床。外面的飲水機若未定期保養、更換濾心，反而更髒。公共泳池因泳客眾多，須添加較高劑量的氯以淨化水質，若位於通風不良的室內，吸入過多氯氣將有肺癌的風險。若還沒看到泳池就先聞到漂白水的味道，最好敬而遠之。用臭氧消毒的泳池，就安全許多。還有，太熱的熱水跟熱湯都會灼傷口腔、食道。常吃冰或喝冰水會器官失調、傷害腸胃、肩頸酸痛、易有小腹。市售糖飲多使用人工糖、有害健康，若含油脂更不好（如冰奶茶、冰淇淋紅茶）。最後特別提醒開車和騎機車的朋友，不要把塑膠瓶裝水放在高溫車內、後車廂、摩托車置物箱或背包裡，因為塑膠遇熱會溶出塑化劑。

　　你會喝水嗎？最好不要大口咕嚕咕嚕地灌，那樣子人體來不及吸收利用，只會增加排尿。應隨時小口喝，不要口渴才喝。晨

起、睡前、飯前、空腹時，小喝很好、大喝不宜。晨起後用十幾分鐘慢慢喝 300~500c.c. 的溫水，可喚醒身體、促進腸胃蠕動排便、補充夜裡蒸發的水分、防止中風。喝完後休息十來分鐘再吃早餐。正常一天總尿量約分 5~7 次排出 1,200~1,500c.c.，透明淡淡的黃色最佳，若色深、不太透明，那就是水喝得不夠（但心臟病、腎臟病、肝硬化等腎功能差者看尿液顏色不準）。正常人每天約需喝「體重（公斤）*30c.c.」的水，譬如 50 公斤喝 50*30=1,500c.c.、70 公斤喝 70*30=2,100c.c. 等，可酌量增減 300~500c.c.。體質燥熱、天氣熱、尿液顏色較深、活動量大者，就多喝些；常待冷氣房、虛胖、體虛、老年人、活動量小者，就少喝些。菜湯喝多了、鹽分過高，果汁喝多了、糖分過量，都不算喝水。茶、咖啡、酒精利尿，喝了之後，最好回補一至兩倍的白開水。

要注意，水喝太多也會生病！《補對體質，更養生》提到若舌體略顯胖大、舌頭邊緣有齒痕，就應節制喝水。至於腎臟病患的喝水，請遵醫囑。

居家自製好水：剛沸騰時開蓋、通風、再煮五分鐘

自來水中的氯在煮沸過程中會產生三鹵甲烷，濃度隨溫度升高而增加，到 100°C 剛沸騰時濃度最高，若持續加熱，濃度便逐步下降，約五分鐘後降至最低，然後便幾乎不再下降。

故在剛沸騰時，就掀開蓋子打開抽油煙機或窗戶，通風排出三鹵甲烷，繼續滾五分鐘，然後關火。

可倒入不插電的熱水瓶，保溫二十四小時後大概還有 50~70°C。

若是插電自動加熱的熱水瓶，建議選用有除氯功能的（按下消氯鍵時必須室內通風良好），或是沸騰時手動掀蓋。

熱水瓶應每週清洗內部再重新加水，以免重金屬和雜質沉澱，濃度愈來愈高。

天然調味品

調味品愈天然、用得愈少，愈可吃到食物的原味。但我們為求美味，免不了要加鹽添醋一番。雖說天然的通常比化學製的貴，但你應同意沒有人會大把吃鹽、大口喝醋吧？所以買些天然的調味品，倒也不至於增加太多支出。

鹽是最基本的調味品。天然岩鹽、湖鹽、井鹽、海鹽各含不同種類礦物質、口感豐富，可輪換使用，但須確認來源無汙染。至於常見的精鹽較適合做洗潔劑，不適合食用。因為精鹽是把海鹽純化而得，除了氯化鈉的鹹味外，已不含任何礦物質；為防止結塊，又常加入鋁矽酸鈉等添加物，吃多了會老年癡呆。台灣的精鹽都有加碘，預防甲狀腺腫大，但長期食用卻可能造成鈉跟碘過量的問題。

醬油在東方料理用得很多。非基改豆類天然釀造最佳，需 4~12 個月製成；較貴；玻璃瓶裝；搖動後泡沫細緻綿密、久久才散；可能有豆渣沉澱；易發霉、開瓶後需冷藏；聞著味道濃郁香醇、淡淡酒香和豆香，嚐起來甘甜鮮美。要標明海鹽做的，若只寫鹽，那多半是精鹽，不好。另一方面，化學醬油很便宜，但不利健康，只需 3~7 天就可製成；含致癌物；幾乎都用塑膠瓶裝；搖動後泡沫粗大、很快消失；一定沒有豆渣沉澱；開瓶後不需冷藏；聞著無香味，死

鹹。以上這樣子看價格、瓶裝、及搖動泡沫的辨識方法,也可拿來判別天然釀造醋與化學醋。外面餐廳多半使用化學醬油和醋,因為價格比天然的便宜好幾倍。若要避免,除了不沾食或自己帶之外,最好選擇清淡的餐點,避免重口味的滷味、火鍋、湯頭、醃漬品等。下次你去逛超市的時候,不妨看看醬油瓶身的成分標示。如果看到一堆化學名詞,八成是速成、水解、混合或調和醬油。我看過最好的只含水、黃豆、海鹽三種成分,而且最貴!

　　糖也是重要的調味品。從甘蔗提煉後未精製過的蔗糖最好,統稱粗糖(raw sugar),外文名稱 Demerara、Muscovado、Sucanat 的都是,具有特殊香氣,含豐富黑糖蜜、礦物質、維生素。反之,精製程度愈高,純度愈純、顏色愈白,營養就愈少,但不見得會愈甜,像白冰糖、白糖等。天然的代糖像蜂蜜、甘蔗蜜、蜜棗汁等,營養價值都很高;果寡糖、甜菊、木糖醇、異麥芽寡糖、山梨醇等,也各有功效。壞糖方面,人工果糖很不好,它是從基改玉米分解而來,又稱為高果糖玉米糖漿(HFCS),學界高度懷疑它可能會造成三高、脂肪肝、心血管疾病、代謝症候群、痛風、失智甚至癌症。一杯梅子綠茶的人工果糖相當 10~17 顆方糖,成本卻不到 2 元。因為這麼便宜,人工果糖成了廠商最愛的甜味劑,廣泛添加於甜食、糕點、糖果、手搖杯、珍珠奶茶、果汁、汽水等糖飲內、及標榜低糖低熱量的飲料!天然果糖普遍存在於蜂蜜、水果、根莖類蔬菜中,比人工果糖好很多,但也不要吃太多,因果糖代謝過程跟蔗糖不同,很可能因不受人體調節而吃過量卻不自覺,最後演變成三高族,甚至引起夜尿、尿不乾淨等症狀。

　　最後還要囉嗦一句，除了上述人工果糖、人工代糖、化製的醋／醬油等，確定不好之外，其他任何看不懂的調味品，像高湯包、高湯塊、咖哩塊、美乃滋、醬料（沙茶、XO、豆瓣、腐乳、辣椒……）、胡椒粉、胡椒鹽、味精等等，若原料不明，風險就高，最好避免。

二、低溫：乾淨生食或用水烹調較健康

　　好食材若烹調的方法不對，就算好吃，也不見得有利健康。料理食材的方法很多，中國菜就號稱至少三十五種基本烹飪方法。從健康的角度來看，100°C 以內的低溫烹調較安全；煎炒炸烤的高溫烹調常超過 160°C、甚至 180~200°C，食物易劣化。

　　所謂低溫烹調，是說除了生食外，其他都用水去烹調。生食可保留最多原始營養素，但有農藥、抗生素、蟲卵等汙染疑慮。精力湯是常見生食方法之一，把各種蔬果、堅果、穀類、甚至香料、好油，全部攪打在一塊兒。關鍵是食材要清洗乾淨，且要均衡，不要獨沽一味。譬如體質偏寒者，必須加些辛香料、薑之類的熱性食材，或是把生冷的蔬果先快速蒸或煮過再打。精力湯最好打完十五分鐘內喝掉，以免氧化，可參考《降癌 18 掌》《不一樣的自然養生法》《全食物密碼》等書。生食的汙染疑慮，若用水烹調過就可消除，雖可能流失一些營養素，但水溫最高也就 100°C，總比動輒160°C、甚至 200°C 的炸烤煎炒安全很多。水烹調常見的有蒸、煮、水炒、燉滷等。水炒最多就 100°C，不會像傳統油炒那樣，不小心油就太熱冒煙變質。蒸則可保留最多營養，也可殺掉蟲卵，是我家裡最常用的。

　　註：本節所列各表乃作者由參考書目和市面資訊整理而得，僅供參考。

《表2 低溫烹調》

低溫烹調的要點	
生食或涼拌	務必洗淨，沙拉、果汁、精力湯最好做現吃，不宜久放，否則易氧化、營養流失
	生菜沾醬要用天然未加工的好油、好調味品，自製比外購安全，譬如橄欖油加天然紅酒醋，就是安全美味又營養的醬汁
	蔬菜只要汆燙幾十秒殺菌即可涼拌，不須煮熟；肉蛋豆類則需煮熟放涼再涼拌；肉、蛋不宜生食，台灣地處亞熱帶，肉類易腐敗、帶菌、或有寄生蟲
	癌症、關節炎、腎炎、免疫疾病患者、幼童、老人等抵抗力弱者，都不宜生食海鮮。生魚片要吃極低溫冷凍過的海魚，不要生吃現流現撈的，因為海水魚體多有寄生蟲的幼蟲（不是蟲卵），必須零下35~40℃冷凍15小時、或零下20℃冷凍10天，方可被殺死，現流的沒有經過極低溫冷凍，生吃很危險。至於淡水魚根本就不能生吃，因為淡水魚體被寄生的是蟲卵、不是幼蟲，蟲卵無法用極低溫冷凍殺死，必須煮熟才行
	魚肉解凍時要用水沖快速解凍，不可放在冷藏室隔夜或室溫數小時解凍，因為魚體含有低溫酵素，會讓魚肉腐敗
蒸	要用除氯過的開水去蒸，不可直接用自來水，會有三鹵甲烷
	蒸蔬菜：冒蒸氣起再蒸5分鐘即可；營養流失比水煮還少
	蒸肉：冒蒸氣起再蒸8~12分鐘，口感較佳；若體積大，靠經驗再加長時間
水煮	溫度最高就是100℃，也就是水的沸點，食物不易劣化變質
	汆燙蔬菜的目的是在殺菌，不是煮熟；大火水滾後下鍋，不蓋鍋蓋，再度沸騰即可撈取（約幾十秒）
	胡蘿蔔煮熟 + 好油 =β 胡蘿蔔素會增多；番茄煮熟吃到茄紅素、生食吃到維生素C
	豬牛羊雞鴨鵝等陸上動物最大的問題不在它們的飽和脂肪或花生四烯酸，而是含抗生素、生長激素、瘦肉精、殺蟲劑、農藥、化肥等人造毒物，甚至是戴奧辛、多氯聯苯、DDT、汞、鎘、砷等環境劇毒。所以烹煮這些肉類前先切片汆燙，可去除一些水溶性的毒物；而且也可以去除血水，湯頭比較清澈
	已故俠醫林杰樑鼓勵蔬菜汆燙後吃，不僅可殺菌、去除農藥，還可去除硝酸鹽、草酸鹽等有害物質。尤其是青椒這類易施打系統性農藥、吸入整株作物者，洗淨後最好切絲汆燙一分鐘左右，作物體內的農藥就可溶出；且加熱時應打開鍋蓋，讓農藥蒸發。但切記汆燙後的菜湯含有農藥，不要喝！
水炒	不蓋鍋蓋，水比油多即可，但不能過多、加熱時間不能過久，不然水溶性營養素會過度流失；加油可以縮短加熱時間，且可包覆蔬菜，減少營養流失
	不爆香時，先加水，大火煮沸後加調味，然後再放入油、蒜頭等辛香料及蔬菜迅速拌炒；因為水比油多，可控制在100℃內，故可避免油冒煙變質
	要爆香時，先冷鍋加好油、放入香辛料、小火低溫爆香，剛冒小泡泡、尚未冒煙前，就要加水和調味料，然後轉中大火，放入蔬菜快炒一下即可
	炒蔬菜不要加醋，否則會破壞葉綠素
燉滷	適合根莖類、澱粉類、肉蛋等蛋白質類
	燉滷到想要的熟度即可，不要長時間一直加熱；肉類滷太久會產生氧化膽固醇，不利健康；老滷產生在鍋邊的黑色物質是有毒的，萬不可吃
	因為燉滷時間較長，要用安全無毒的鍋具，以陶鍋、玻璃最佳；金屬的不鏽鋼鍋、鐵鍋、鋁鍋、銅鍋都可能跟食材內的成分起化學反應，都不適合

　　高溫烹調通常超過 120℃，一般煎炒炸烤至少會到 160℃，甚至接近 300 度，是危險的烹調法。高溫會嚴重破壞蔬果營養素、劣化蛋白質（如烤肉、炸排骨、煎牛排、煎蛋、炸蛋）、使澱粉（如炸薯條、洋芋片）產生致癌物；若讓油冒煙，更會吃進一堆氧化壞油！很不幸，有太多美味料理都是用煎炒炸烤的做法，讓我們在味覺享受之餘，不知不覺吃進一堆變質劣化的致病成分！

《表 3　高溫烹調》

	高溫烹調要點
煎炒	先沸水汆燙或蒸過，可去除人工激素和抗生素，且食物幾乎是熟的，可縮短高溫煎炒時間，降低蛋白質或油脂的變質
	油的冒煙點要夠高，未精製的苦茶油 / 玄米油 / 葡萄籽油 / 酪梨油 / 牛油等可達 210℃~ 220℃，較合適；芝麻油的冒煙點約 177℃，做麻油雞、三杯等料理時，須注意不可冒煙
	不只燒烤，連煎炒也會使瘦肉產生異環胺致癌物
烤	烤的烹調法常要求 200℃ 以上，若可能，最好在 130℃ 以下，減少致癌物產生
	儘量用陶瓷容器盛裝去烤。如果是用鋁箔紙包覆食材去烤，切忌加入調味醬、烤肉醬，因為調味料裡的酸性物質可能會溶出鋁箔紙的鋁，吃多了易造成老年癡呆。在用烤箱的時候，可以考慮在烤盤上面墊鋁箔紙，然後再鋪一層烤盤紙或是青菜，不要讓食物直接接觸鋁箔紙。常見的酸性食物有：可樂、黑醋、白醋、水果醋、橙汁、蘋果汁、番茄、鳳梨、檸檬等等
	任何東西烤焦的部分絕對不能吃，會致癌。若在肉底下鋪點青菜，則較不易烤焦。高溫雖使青菜營養素流失，只剩纖維質，但吃了也無妨，唯若烤焦了就一定不要吃。炒焦的咖啡豆、燻魚、燻腸、燻羊肉等煙燻食物也都含大量致癌物
炸	炸的溫度是所有烹調方法中最高的，所以也是最危險的
	油的冒煙點要夠高，至少 180℃，豬油、未精製的苦茶油 / 玄米油 / 葡萄籽油 / 酪梨油 / 酸價 0.3% 以下的冷壓初榨橄欖油等較佳；炸的油不可重複使用
避免吃到炸燒烤澱粉之丙烯醯胺（AA）	炸烤到淡黃色就好；不可到棕褐色，顏色愈濃、丙烯醯胺愈多
	不要在食材上沾糖粉或糖漿；膨鬆劑不要用銨粉，要用小蘇打粉
	馬鈴薯要選低醣分的，不要放在 8℃ 以下，如冰箱內；最好是略高於 8℃ 的陰涼處；最好先煮熟或切塊泡在水中再烤或炸；炸的溫度不要高於 175℃，烤的溫度，傳統烤箱要小於 200℃，炫風式烤箱要小於 190℃
避免吃到炸燒烤肉類之異環胺（HCA）	油炸燒烤肉類事先以大蒜、洋蔥醃泡過夜；若加入橄欖油一起醃泡效果更好；也可加入紅酒或啤酒浸泡 6 小時以上
	烹煮肉類的醃料參考：1 大顆洋蔥、2 瓣切碎大蒜、1/2 杯植物油、1 杯啤酒
	同時吃大量蔬菜水果、維生素 C；焦黑部分絕不可入口
	要減少吃紅肉和加工肉品而得到癌症的風險，最好的方法就是少吃

　　微波爐是近代烹調方便的發明，但須小心使用。首先，微波爐無法控制溫度。到超商買塑膠容器裝的食物，若微波後容器變形，就付錢扔掉吧，別吃了！因為容器高溫釋出的毒都已跑到食物裡了！至於正常使用微波爐調理食物是否會對人體造成具體的傷害，迄今還沒有確切的證據。但能量醫學專家許瑞云博士完全反對用微波調理任何食物。自然醫學陳俊旭博士也不使用微波爐，他認為微波震盪會改變食物和藥物的結構和生化特性，是否有害或干擾生理運作，很值得商榷。

輕烹調（light cooking）
是處理食材的最好選擇：

低溫、少油、輕調味
不但可保留較多營養素，增進健康
食材也較不會變質變性，危害健康

三、原味：吃食物不吃食品

　　食「物」是未經或極少加工加料，保留原形、原味的食材，有來自天地能量的天然養分，在提供人體營養的同時，不會破壞人與大自然的和諧。另一方面，食「品」則是加工、加料、看不出原形、吃不出原味的人為變造食材，往往破壞了天然營養素，更可能含有對人體健康不利的成分。如新鮮水果是好的食「物」，可是為了做成可保存較久的果醬果乾果汁的食「品」，就須添加一些防腐或加味的東西。

《表 4　食物 vs. 食品》

食「物」舉例	食「品」舉例
肉	肉燥、絞肉、肉丸、肉鬆、肉乾、漢堡排、組合肉、火腿、香腸；魚丸、魚漿、魚板、魚餃、魚露、鹹魚；蝦餅、蝦丸、蝦餃、蝦醬；鴨賞
玉米	玉米片、玉米漿
馬鈴薯	洋芋片
水果	果醬、果乾、非現打（加味）果汁、水果糖
花生	花生醬、花生粉、花生糖
米、麥	麵條、麵包、麵粉、糕點餅乾、米粉、粄條、麻糬
豆子	素雞等豆類加工品、染色豆干、豆瓣醬
香菇	素肉火腿、香菇醬
辣椒	辣椒醬、XO 醬

日本食品添加物之神安部‧司寫的《恐怖的食品添加物》提到，很多加工食品甚至可能連真正的食材都沒有，光用一堆化學添加物的堆積就無中生有。所謂的假食物就像果汁沒有水果、魚露沒有魚、蟹腳不是蟹、蠔油沒有蠔、蛋豆腐沒有蛋、魚餃沒有魚、鴨血不是血等等。很多人以為素食比較健康，其實新鮮蔬果當然很好，可若是加工過的素食就不見得囉！像素雞、素肉、素火腿、油炸過的豆包、豆皮等，多少都有對健康不利的添加物，不可不慎。吃素數十年罹患大腸癌的事例，時有所聞。對於吃葷的人，也應儘量吃新鮮或急速冷凍過的肉品，不要吃加工肉品。2015 年世界衛生組織（WHO）就把會引發大腸癌的加工肉品列為第一級致癌物，與香菸同樣危險，包括加鹽、醃製、發酵、煙燻的肉品，像培根、熱狗、香腸、火腿、鹹牛肉、牛肉乾或南非的乾肉條，以及罐頭肉或是用肉做的醬汁。

還有一個問題，就是發酵的食材算是食「物」還是食「品」？食材經過益菌自然發酵後，確實有益人體，像納豆、味噌、泡菜、優格、乳酪、甜酒釀、豆腐乳等等。但市面上卻是不好的發酵品居多，譬如不用益菌，而是用化學添加劑的非天然發酵品，或是感染空氣中的雜菌而變質發霉者。若搞不清楚，寧可不吃！2012 年北海道就有上百人吃了大腸桿菌汙染的醃白菜後，七人死亡。至於用濃鹽或濃糖醃漬以抑制壞菌者，則容易吃進過多的鹽或糖，高血壓和糖尿病患須格外小心。還有號稱低鹽的醃漬物，為了抑制壞菌生長，通常都會添加防腐劑，反而更加危險！若自己醃漬蔬果，不用化學添加物，最好也在一、兩天內吃完，避免空氣中的雜菌汙染。

普洱茶很好，但絕不能有霉味。茶葉採收後，若小心控制焙

製的溫度，保留原生菌種，則在後續的保存過程中，這些微生物不斷發酵，會產生很好的酵素，有利人體健康；且茶葉風味愈陳愈醇，喝起來生命力十足。但若高溫焙製，滅絕原生菌種，事後空氣中的雜菌進入茶葉中而發霉，則對人體非常不好，甚至可能致癌。其實所有的茶、咖啡、堅果，只要儲放環境不良，都會有這個問題。

　　特別提醒，好的食物愈新鮮吃愈好，放太久就算沒有腐敗，養分也會流失。水果、薑、根莖類若開始發霉，應整顆丟掉，不可只切除發霉部位，其他的留下來吃，因為此時細菌已經布滿了整個蔬果。還有一個常見的問題是，隔夜菜能不能吃？我的心得是，能不吃就不吃。隔夜菜不一定致癌，但風險高。腎臟科名醫顏宗海說，隔夜菜除了營養價值流失、口感變差，也要擔心保存不良，受到細菌感染。關鍵是保存條件和時間，與隔不隔夜無關。只要保存時間過長、保存條件不佳，孳生細菌、產生亞硝酸鹽都算。晚上煮、隔天吃，或早晨煮、晚上吃都是。所以，你若要用晚餐的菜裝隔天的便當，最好晚餐還沒開動前就先裝好，不要等大家都吃飽了，才把剩菜裝進便當，因為口水會增加細菌汙染的機率。若做得到，青菜儘量早上弄好再裝便當，可以降低吃到隔夜蔬菜亞硝酸鹽的機率。多數蔬果都含有硝酸鹽和亞硝酸鹽。前者無毒，但放久了會轉化成後者，然後在人體內再變成亞硝胺致癌物。深綠色蔬菜的硝酸鹽最多，然只要現煮現吃，其中的含量並不足以危害人體。

四、讓你吃出健康的其他配套做法

　　遵循均衡、低溫、原味去吃東西，健康飲食大概就八十分了，若能再做幾個配套會更好。

進食要專心放鬆、細嚼慢嚥、心存感恩

　　你是不是邊吃邊滑手機，只知把食物往嘴裡送，到最後吃了什麼都不記得？或太忙了，三兩口囫圇吞就解決一餐？你可能覺得沒什麼，反正均衡吃、乾淨吃，不就好了嗎？可你有沒想過，食物進到你的胃腸，還要消化啊！你有準備好嗎？消化是由副交感神經主導，所以吃東西時須做一些放鬆的事，把它叫出來工作。第一是專心。用餐至少半小時、不談嚴肅的事、不滑手機、不看電視書報。可放點輕鬆的音樂，促進胃酸分泌和腸胃蠕動。其次要細嚼慢嚥。每口至少三十下，讓唾液跟食物充分混合，進行第一道消化程序。若狼吞虎嚥，口腔裡的消化做得不夠，就會加重腸胃的負擔。第三要感恩。仔細品味並謝謝每一口食物，謝謝付出心力把食物從產地送到餐桌的每一個人，包括耕種、畜牧、捕獵和做菜的人。善念會增加食物的能量，宗教在飯前的祈禱自有其深意。

　　你常吃冰嗎？常吃很飽嗎？《補錯了，更傷身》提出冰品亡國論，直指冰為萬病之首。《空腹奇蹟》認為適度飢餓，有益健康，

正所謂飯吃七分飽,健康活到老。我自己深刻體會,細嚼慢嚥加上七分飽,可大幅改善胃食道逆流的問題。

慎選安全無毒的餐具、鍋具、容器與包材

接觸食材的容器、餐具、鍋具與包材的材質,以玻璃和陶瓷最佳,不鏽鋼次之;不沾鍋、塑膠最危險。

玻璃和陶瓷最佳

玻璃不會跟任何食材發生化學反應,最安全。但玻璃鍋子要選強化耐熱的,不然超過 70°C 就會破裂。不論鍋子、杯子或容器,內壁都不要有圖案,因為彩色塗料多含重金屬鉛。怕光的藥品或易氧化的各類種子或堅果磨的養生粉等,要用深色玻璃罐裝。玻璃製的保鮮盒比塑膠製的安全許多。

若原料未受污染、不含鉛鎘等重金屬,那麼陶瓷容器也相當安全。陶土愈接近土黃或深褐原色愈好,瓷器以白的瓷土原色為佳。表面要光滑,不要有氣泡、斑、刺、裂或破損。釉燒溫度 1,300°C 以上者比 800°C 者安全,因為最外面的釉層穩定,不但可抵抗酸鹼侵蝕,且原料土和彩繪顏料被封在釉層下方(所謂的釉下彩),不會接觸到食材。若搞不清楚到底有毒無毒,最低限度是接觸食材的地方不要有彩色圖案,且不要長期接觸酸性食材、果汁、咖啡、酒等,否則都易溶出重金屬。

好的陶鍋無孔隙、不必養鍋;比鋼鐵硬、可用鐵鏟;燉煮煎炒炸皆宜,且不怕酸鹼,煮中藥很合適;蓄熱能力高,不須用大火;

但陶鍋較重，一旦碰撞出現裂紋，就可能急速崩壞。若是有孔隙的陶鍋或砂鍋，原料雜質多的話，就易龜裂、一碰就壞。另一方面，用未上釉、有毛細孔的陶罐去保存普洱茶，則可通風透氣，讓微生物持續發酵。

小心重金屬入口

我曾經到一個風景區，他們可以把你自選的照片燒在馬克杯上，幾個小時後便可取件，收費幾百元。當時覺得好有創意，也沒多想，就選了四張家人的照片，買了四個杯子，想說剛好全家人一人一個。沒想到用了幾個月後，有一次洗杯子時，突然發現杯外的顏色不但掉色，還往下沾染到原本沒有顏色的地方，尤其杯口嘴唇接觸的地方更是嚴重。當下方才驚覺，天啊！不知吃了多少重金屬。

不鏽鋼次之

不鏽鋼也不錯，但使用限制較多。要選標示 304 或 18-8、及 316 或 18-10 的，不要選 18-0 或 200 系列、或只標示高級（特級）不鏽鋼的。不鏽鋼鍋以厚重、一體成型者佳；內層不要有塗層或彩色圖案，也不要有接縫，以免焊接材料釋毒；若有焊接點，不鏽鋼鉚釘比鋁製好。不鏽鋼會跟中藥、酒、奶油，以及醋、檸檬、鳳梨、番茄等酸性食材發生化學變化，應避免。只要變形、破損，或長時間燉煮、空燒、火苗超過鍋內食材高度，致出現黃或咖啡色斑點、彩虹光彩，就是結構受損，會釋放重金屬鉻，請扔掉。至於愈來愈多人用的不鏽鋼保溫杯，還是裝白開水最好，若裝咖啡、茶，雖不會釋毒，但風味會變，且用久了會有味道殘留；若裝牛奶、豆漿，

溫暖的環境下易滋生細菌而腐敗，喝了可能拉肚子，最好兩小時內喝完。

不鏽鋼以外的金屬鍋具或包材都弊多於利。不論是不鏽鋼、鐵、鋁、銅等，只要是金屬製的鍋具，都不適合煮中藥或酸性食材（醋、番茄、鳳梨、檸檬等），因為跟金屬會起化學反應。鐵鍋怕生鏽，不常用就應塗油保養。搪瓷鍋（琺瑯鍋）若刮傷，就會露出裡面的鐵。銅鍋導熱快，常用於西式、韓式料理，但若不常用，在潮濕的環境中放久了便會產生有毒的銅綠。鋁鍋導熱快又輕，小吃攤煮粥、煮湯就常用單柄鋁鍋；然鋁鍋會釋出鋁離子，吃多了易老年癡呆。鋁箔紙遇酸也會釋出鋁離子，除了烘焙、燒烤外，像洋芋片、泡麵、餅乾、蛋糕、奶粉、速溶咖啡等零食的包裝也常用鋁箔紙，你別以為這些食品吃起來不酸就沒事，其實不少都含有乳酸、牛磺酸等酸性成分，難免還是會從鋁箔紙中溶出游離鋁。

不沾鍋最危險

至於最危險的鍋具，就是不沾鍋了。不沾鍋靠表面化學塗層達到不沾的效果。鐵氟龍是行之有年的塗層，但卻最最危險，只要一點點刮傷立刻釋毒；就算沒有刮傷，在一般煎炒至少160℃的溫度下，也會溶出毒素。近來有些不沾鍋宣稱使用其他材料的無毒塗層，即便如此，最好用木鏟調理、泡綿清洗，不要用鐵鏟和鋼刷，更須避免長時間蒸或烤、大火烹調、空燒；只要有刮損，就算只有零點幾公分，不管有沒有釋毒，其不沾效果也已大打折扣，不值得再用了。

餐具方面，以陶瓷和不鏽鋼為首選

沒有上漆的裸木、裸竹餐具也不錯，但用完要馬上洗淨要晾乾，避免發霉。木製餐具若有上漆，正統日本或中國漆器算是安全的，它上的是天然樹木的生漆，表面平滑光亮，非常漂亮，但也很貴。免洗筷製作過程常用硫磺或雙氧水漂白，因而含毒，不得已要用，最好跟餐廳要杯熱開水泡一下再用。塑膠餐具很危險，遇熱、油、酸，或刮傷，都會釋毒。像美耐皿因為耐摔、高溫不變形，故餐廳、小吃攤和兒童的碗盤都很常見，但其實風險很高！日本就要求食品業的美耐皿餐具每三年就須更換。若一定要用，最好只裝冷食，且接觸食物的地方不要有任何圖案。

遵循「塑膠五不」，嚴控塑害

餐具之外，許多食物容器和包材也是塑膠做的，可是很不安全，若想避開毒素，可遵循我歸納的「塑膠五不」：不熱、不油、不酸、不微波、不彩色。

不熱：塑膠只可裝冷食，因為所有的塑膠60℃便會開始溶出塑化劑，愈熱愈多；若有刮痕，40℃就會溶出。很多人以為塑膠有標示耐熱溫度，就放心地把熱熱的餐點放進塑膠容器或餐具中，殊不知，塑膠的耐熱溫度只是指沒變形，並非沒釋毒！所以餐廳吃剩的菜，最好放涼後再打包。若用保鮮膜封存家裡的剩菜，也要放涼後再包覆。瓶底有個圓點的就是常見的寶特瓶，40℃就開始釋毒，70℃就會變形，所以瓶裝飲料千萬不要放在車內或背包裡。保麗龍70℃就會釋出苯乙烯致癌物，故泡麵或小吃攤的保麗龍碗，很不安全。

不油：塑化劑是脂溶性的。所以用保鮮膜封存食物時，不要接觸到食物，尤其是帶油的肉或有浮油的湯。

不酸：即使裝冷食，有些塑膠（3號PVC及7號PC）遇到酸（番茄、檸檬、鳳梨、醋等）仍會溶出塑化劑。

不微波：微波無法控制溫度，塑膠很容易過熱釋毒。PP是唯一可以微波的塑膠，但還是不可太熱，也不要裝很油的食物。

不彩色：彩色顏料多含重金屬。故吸管最好無色，碗盤杯子接觸食物的內面也不要有顏色。

你有沒有想過，紙餐具像紙盤、紙碗、紙便當、紙杯等，為什麼不怕水？這是因為其內層多半塗有防水防油的塑膠膜或工業蠟。所以，使用紙餐具也應遵循塑膠五不。還有包漢堡的紙、微波爆米花的紙袋，內部塗的更是化學防油的全氟烷化合物，加熱便會釋出毒物。微波爆米花多半更含有反式脂肪，還是少碰為妙。

塑膠有編號1到7類，以利分類回收，其中以5號最安全、2、4次之；其他1、3、6、7則較危險。附錄是我整理的「塑膠五不524」供查閱，食品藥物管理署有更詳細的塑膠資訊。

五、外食族要怎樣才能吃吉避凶？

　　現代社會外食頻繁，除了有時是主動出去解饞之外，學生、上班族和小家庭更多是被迫以外食為主。在均衡、低溫、原味的健康飲食原則下，外食族只要稍微再注意一下，一樣可以吃吉避凶。

避凶：吃食物不吃食品

　　先談避凶。只要避開看不懂原形、吃不出原味，就接近吃食物不吃食品了。譬如三合一咖啡包不如現磨咖啡豆；沙茶醬、XO醬、豆瓣醬也不如用醬油、醋、蒜片、辣椒等拌一拌的沾料；吃生菜用千島醬、和風醬、沙拉醬都不如光用油醋安全。儘量避開精緻糕點和加糖飲料，它們充滿人工糖類和反式脂肪。下午茶吃精緻糕點不如來點原味堅果、新鮮水果、黑巧克力。外面喝咖啡比茶安全。咖啡農藥低，不足為慮。風險在咖啡豆或粉的保存環境，若濕熱、不通風，易生劇毒的赭麴毒素。新鮮咖啡豆烘焙後密封保存兩個月內，就安全許多。茶的危險在農藥，尤其花茶、抹茶的農藥特別重，《今周刊》就曾於 2014 年 10 月報導某家抹茶竟含二十二種農藥！雖說茶的農藥多為脂溶性，不見得會溶於茶湯中，但還是不排除有些水溶性的農藥會殘留溶出，所以第一泡茶不要喝的說法是有幾分道理的（且洗去塵土）。當然，若確定茶葉乾淨安全，那麼

保留最多營養素的第一泡就不應倒掉。農藥疑慮比較低的是東方美人茶（膨風茶），因為太多農藥會殺死茶葉上的小綠蟬，其特殊風味就難以形成。市售茶飲及各種加糖飲料，不論是手搖、瓶裝、罐裝，除了茶葉等原料來源不明外，所加的糖多半是便宜卻不利健康的人工果糖、代糖，以及色素、焦糖色素。所以，雖然《餐桌上的偽科學》認為茶的農藥問題不大，但外面的茶飲還是小心為上。

少吃加工食品後，外食若能再六少，便可避開更多的毒素：

一、**少生食**。外面吃生菜沙拉很危險！餐廳洗菜多只用水沖掉塵土，萬一菜葉上有蟲卵就完了，只有煮燙過才安全。若真要吃生菜，選擇細長葉片或芽菜類，蝸牛爬過而感染蟲卵的風險可能低一點。還有生魚片，經攝氏零下三、四十度超低溫冷凍殺死寄生蟲的遠洋漁獲較安全，淡水魚或現流現撈的近海漁獲，吃到寄生蟲或人類汙染物的風險則很高。中山大學曾於 2010 年在南高屏沿海的海水中發現多種抗生素、止痛藥、咖啡因，甚至 K 他命、搖頭丸！牛豬羊雞鴨鵝等陸地肉類，多有抗生素、雌性激素、甚至寄生蟲，也是煮過比較安全。精力湯、現打果汁本是好東西，但務必確認食材新鮮乾淨，最好看著現洗、現打、現喝，不要買事先打好的。

二、**少喝湯**。因為外面的湯頭是用什麼熬煮、還是用粉泡的？而且骨頭熬久會有重金屬；肉類若有抗生素、雌性激素，蔬菜若有農藥，都會溶在湯裡。

三、**少重口味**。你若是平價餐廳的老闆，你會用化製的醬油、醋、鹽、糖，還是貴幾十倍、天然的呢？重口味吃多了會增加身體的負擔，況且也不排除有些餐廳是用重口味去掩蓋食材的不新鮮。醃漬物除了口味重，也搞不懂有多少添加物。

四、少冰。冰本來就對健康不好，更何況外面冰飲使用的水乾不乾淨，沒人知道。你覺得店家會像你在家一樣，煮沸、放涼，才拿去做冰嗎？好一點的過濾一下，差勁的大概就直接用自來水吧？熱飲相對安全，因為好歹總要加熱。

五、少油。外食就算沒吃到餿水油，也常是便宜、耐高溫、精製、氫化的壞油。高檔的義大利或法式餐廳，會提供橄欖油、紅酒醋給客人沾麵包，但廚房用什麼油、有沒有太熱冒煙變成壞油就不知道了。外食要避開壞油實在很難，所以乾脆在外少吃油、回家自己吃好油（好油直接喝一、兩茶匙也很棒喔）。

六、少煎炸烤。高溫烹調不但破壞食材營養、產生致癌物，且會讓好油變壞油！國內媒體就曾報導知名店家炸薯條的油不但數天不換，甚至還添加濾油粉淨化後重複使用。

吃吉：吃原形原味輕烹調

再來是吃吉。最重要的是要遵循食物四分法吃原形原味輕烹調的食物。儘量選擇蒸煮燙的料理現做現吃。洋芋片或炸薯條不如蒸馬鈴薯；加幾十種料的火鍋湯底不如只有昆布的甘甜清湯。最後，外食最好自備不鏽鋼、陶瓷或木製餐具，避免用免洗筷和保麗龍、美耐皿等塑膠餐具。近年有大學生和上班族發起「無痕飲食運動」，自備餐具購買餐點，值得推廣！底下舉出一些外食危險和安全的例子，讓你外食吃吉避凶＊。

註：本節所列各表乃作者由參考書目和市面資訊整理而得，僅供參考。

《表5 外食吉凶-蔬菜》

外食較危險的蔬菜

蔬果汁：

甚至比生菜更危險，因為根本不知道原料新不新鮮，有沒有另外加料？

蔬菜：

| 生菜：除了農藥、蟲卵外，感染壞菌的例子也時有所聞。2011年德國爆發出血性大腸桿菌汙染生菜沙拉引起的中毒事件，共有2,266個中毒案例，死亡率約2%。然而，滅菌藥劑也有問題。日本的河岸宏和在《超市食品的恐怖真相》書中提到超市的生菜從切好到食用之前，使用殺菌劑抑制細菌繁殖，安全堪憂且讓蔬菜美味營養盡失。便利商店的生菜沙拉也經過殺菌處理。最後，生菜的醬料也不安全，沙拉醬有許多添加物；油醋包則常包在小塑膠包裡，塑膠遇油剛好溶出塑化劑

| 豆菜類：豆類很甜，菜蟲最愛，生長期長又是連續採收，所以農藥也是連續施用；菜豆（敏豆、長豆）、荷蘭豆、豌豆等風險都高

| 豆芽菜：有些廠商會用漂白水漂白

| 加工蔬菜：泡菜、酸菜等醃漬蔬菜很多都不是天然釀造、而是化學藥品泡出來的；素火腿是用香菇磨碎加黏著劑做成的，烹調加熱就會釋放毒素

| 農藥較重的蔬菜：甜椒、黃瓜、南瓜、萵苣、青江菜、小白菜、油菜、芹菜、芥蘭；還有高麗菜、包心白菜等包菜類

外食較安全的蔬菜

蔬果汁：

新鮮蔬果現洗、現切、現打、現喝

蔬菜：

| 燙青菜：燙青菜是外食蔬菜的首選，不只農藥會溶到水裡，且殺菌、殺蟲卵，但最好不要加看不懂的肉燥，可加鹽、糖、天然醬油、味噌，或橄欖油醋等

| 水煮菜：煮菜、蒸菜或炒菜可殺死蟲卵；不要喝菜湯

| 生菜沙拉：根莖類、芽菜、細長葉片，蝸牛爬過的機率較低，蟲卵顧慮較少；水耕、溫室栽種的生菜也相對安全；醬料用天然油醋最佳

| 較安全的蔬菜：當地當令的強勢品種；海帶、竹筍、蘆筍、茭白筍、地瓜葉、紅莧菜、紅鳳菜、皇宮菜、大蒜苗、川七、洋蔥、紅蘿蔔、番茄、茄子、台灣香菇、地瓜等也都相對安全；毛豆則是唯一安全的豆類

《表 6 外食吉凶 - 水果》

外食較危險的水果

| 連皮吃的水果，像蓮霧、芭樂、葡萄等，若沒洗乾淨，農藥會殘留在外皮

| 外面切好的水果，為了防止氧化變色，不排除經過藥劑處理

| 醃漬、沾糖精、加工過的水果、水果罐頭等都不安全

外食較安全的水果

| 去皮吃的比較安全，譬如香蕉、奇異果、橘子等；蘋果、芭樂等削皮後也相對安全

| 現洗現切的新鮮水果

《表 7 外食吉凶 - 澱粉》

外食較危險的澱粉

麵飯糕餅：

| 過 Q、過白、久煮不爛的麵條、米粉、冬粉、水餃皮、餛飩皮、鍋貼皮、潤餅皮、湯圓等，都很危險

| 太香、太軟、太 Q 的麵包、饅頭、包子、肉圓皮等，都有問題

| 高溫煎烘烤的 pizza、蔥油餅、燒餅、蛋餅、麵包等，都會釋出丙烯醯胺毒物，愈焦、愈香、顏色愈深，愈危險

| 精緻糕點充滿反式脂肪與人工代糖，最危險

根莖類：

| 高溫炸烤都危險，像薯條、洋芋片、爆米花、窯烤地瓜等

| 有勾芡的麵飯或羹類都不太安全，因常使用劣質太白粉，或基改的玉米粉

外食較安全的澱粉

麵飯糕餅：

| 糙米飯、胚芽米飯是首選；白米飯只有澱粉，沒有營養，但至少相對安全；店內現做的麵條相對安全些

| 麵包、饅頭、包子等麵粉製品，能吃出麥子的味道最好；添加香料愈少愈好

| 煎烘烤到淡黃色即可

| 下午茶可以水果、堅果取代鬆餅、蛋糕等

根莖類：

| 水煮、蒸、滷較安全

| 勾芡用地瓜粉、蓮藕粉較佳，若無法辨認，寧可不勾芡

《表8 外食吉凶-蛋白質》

外食較危險的蛋白質

肉：
煎炸肉品像炸排骨、炸雞腿、煎牛排等都不好；看不懂的肉不安全，尤其是絞肉做的肉燥、水餃、餛飩、鍋貼、包子、香腸等，若還是要吃，咀嚼的時候注意有沒有很難咬的筋或碎骨，有就不好，若摻了很多澱粉也不好；重口味處理的肉也危險，除了有鹽糖過量之虞，也不排除是為了掩蓋肉品的不新鮮，如糖醋魚、薑絲大腸（會用醋精軟化大腸，甚至使用工業用的冰醋酸）；滷肉太久會產生氧化膽固醇，有害健康；大型魚類重金屬含量較高，重金屬為脂溶性，會存在魚皮、雞皮、豬皮下的油脂之中

蛋：
少吃煎太老的荷包蛋，不只蛋白質劣化，還可能會吃到壞油；茶葉蛋是水煮的，本應不錯，只是要留意茶葉的來源、有沒有色素和其他添加物

堅果：
來路不明、烘焙過度、調味重的都不好；台灣濕熱環境下，花生及其加工品都很危險；亞麻仁粉、十穀粉等磨成粉的堅果，不可以有油耗味，那代表內含的好油已氧化變成壞油了

豆類：
豆腐若在室溫放幾小時都不會變酸，就有問題；百頁豆腐多半是大豆蛋白拌入很多油做的，真正純的已少見；加工豆製品多半不安全，很多素食的豆類製品像素雞、素魚等都經油炸，還有染色的豆干也是不好的豆製品；蛋豆腐、魚豆腐是太白粉、地瓜粉加增稠劑做的，根本沒有豆子也沒有魚

外食較安全的蛋白質

肉：
要吃原形原味，好的肉燥應該肥瘦均勻，口感滑順，甚至可以看到一點豬皮；肉汆燙過可以去除瘦肉精和人工激素，所以三層肉、蒜泥白肉、白斬雞都較安全；其次是蒸魚、蒸肉、肉片湯、魚湯等也相對安全，滷味的肉若不是反覆滷或滷很久也還好，但是滷汁若很久都沒換就有風險

蛋：
以水處理的最好，譬如水煮蛋、蛋花湯、蒸蛋、溫泉蛋、滷蛋等

堅果：
原味原形最好；有品牌的、有機店的、包裝完整的堅果風險較低

豆類：
不加料的真豆腐，就算冷藏，保存期限也不會太多天；豆干以淺白色的較安全；豆漿比牛奶好，要選乳白略帶黃色，放涼後表面會有一層油皮，聞起來有豆香味，而非豆腥味，豆漿需在兩小時內喝完，且不要放在保溫瓶，不然會孳生細菌

《表 9 外食吉凶 - 飲品》

外食較危險的飲品	外食較安全的飲品
湯： 看不懂、不知道放了什麼的湯風險很高；骨頭湯熬太久會溶出重金屬；路邊攤或夜市常用鋁鍋煮湯，會釋放鋁離子，常吃會導致老年癡呆	**湯：** 現煮清湯最好，濃湯要搞清楚加了什麼料，麻辣鍋底就曾有用到餿水油之案例；煮湯鍋以玻璃、陶鍋最好，不鏽鋼次之；湯底單純清淡的火鍋不錯，像日式昆布湯頭；少喝湯（涮過食材的湯會殘留農藥、重金屬、抗生素等）
茶飲： 進口茶葉難以確認是否有汙染，故餐廳的茶少喝為宜；茶包的茶是混茶、可能含多種農藥，且其包材不排除是塑膠製的，水溫 40℃ 以上便可能釋出塑化劑；花茶的農藥很多；抹茶是粉狀，農藥洗不掉，最危險	**茶飲：** 外食喝水不喝茶，自己帶水更好；若喝茶，最好是茶葉現泡，用茶包的話，用溫水泡會安全一些；第一泡茶倒掉不喝較安全；東方美人茶（膨風茶）的農藥相對少
糖飲： 手搖糖飲多半加的是人工果糖；罐／瓶裝糖飲多含人工果糖或代糖，說穿了，就是加了色素和香料的糖水	**糖飲：** 洗乾淨的新鮮蔬果現打現喝最好；糖飲加天然蔗糖才好
冰品： 市售冰品很少用煮沸過的水製作，常被檢出大腸桿菌，何況還加色素或防腐劑；霜淇淋含十幾種添加物	**冰品：** 有品牌的盒裝冰淇淋若標示成分沒有反式脂肪，相對好一點
咖啡： 三合一咖啡、即溶咖啡不能碰，添加物太多	**咖啡：** 咖啡豆現磨現泡的最好；咖啡農藥低，但要注意保存期限，並保存在乾燥環境以免產生赭麴毒素
奶： 奶球、奶精易含反式脂肪；市售牛奶經過消毒，營養所剩無幾，且不排除含有雌性激素和抗生素；低脂牛奶、低脂乳酪、低脂優格等，去除了脂肪卻又加入澱粉、蛋白質和其他添加物，原味盡失；經過發酵的優酪乳和優格原富含酵母菌，是比較好的乳製品，但有廠商添加甜味劑、人工色素或奶粉加以調味	**奶：** 優酪乳、優格、酸奶等發酵乳品還是相對安全，因為若添加物太多，益生菌便無法繁殖，就不會發酵、無法產生酸味

　　「均衡、低溫、原味」的健康飲食原則，讓我聯想到在理財世界裡，常說要「資產配置、穩健、單純」。心安飲食！心安理財！

　　韓柏檉博士說：「營養吃進來，身體站起來！」吃對了，還要運動。

運動：
「健身、有氧、拉伸」的快樂運動

　　運動會分泌快樂腦內啡，更可幫助思考，讓你在理財時思路清晰。可惜不少人每天都累到回家只想睡覺，哪還有時間運動？我上班的頭二十年，仗著年輕，根本不把運動當一回事，後來自覺體力漸差，才儘量下班先去游泳再回家，這樣維持了幾年，但還是有一搭沒一搭的。手術後身體虛弱，遵醫囑開始學些復健的動作，後來讀了《真原醫》，才了解游泳雖好，但仍不夠。直到找了教練指導，才知道原來運動還真有學問！

　　本章不談運動理論，更不是運動教學，我只是一個認真學習的運動學生，想跟你分享我從隨興運動到規律運動的體會，除了三個內容和四個步驟外，更重要的是，我是如何快樂運動，如何靠運動去緩和念頭，如何深入感受運動帶來的心身愉悅。

一、運動的三個內容

很多人覺得自己有在運動，譬如重量訓練、有氧舞蹈、快走、慢跑、騎車、游泳等等，但夠全面嗎？《真原醫》認為完整的運動應涵蓋健身、有氧、拉伸三個內容，方可全面照顧到肌力、心肺功能、筋膜關節等人身各大系統。

運動的三個內容

健身
肌肉力量

有氧
心肺功能

拉伸
筋膜關節

健身：強化肌肉力量

第一個內容是強化肌力。雙腳力弱的人，走路易腳酸；雙手無力的人，做事懶洋洋；肩頸僵硬的人，常覺腦缺氧；腰背無力的

人，久坐會痠痛，且易彎腰駝背，壓迫五臟六腑，循環不良。我有陣子一直背痛、肩頸緊繃。熱敷、貼膏藥、按摩都只有短暫舒緩。後來更嚴重到手開始麻，才不甘願地去看復健醫師，診斷後才知是後背無力、前胸太緊，致兩肩前壓、頭頸前伸，姿勢不良導致了頸椎和胸椎的神經壓迫。本來說若無法改善，不排除要開刀。後來經過一段時間的訓練，伸展胸部肌群、強化背部肌力、收下巴放鬆頸部等等，便大幅改善。我這才真正了解肌力訓練的重要性。

強化肌力首要強化腰背胸腹的核心肌群。啞鈴和單槓可訓練上肢和腹背；快走或慢跑可強化腰腿；重量訓練的每個器材及瑜伽的每個動作，都可訓練特定部位的肌肉（群）。訓練時，可每天重點訓練一、兩個部位，隔天改換其他部位。各個部位輪流訓練，效果會比天天猛練同一部位更好。因為重點鍛鍊的肌肉事後會痠痛，至少休息一天有助其排出廢物，修復肌肉。若天天練，痠痛也不休息，反而無法排出廢物。

肌肉的力量會直接影響姿勢，而錯誤的姿勢不但會造成各種痠痛，還會壓迫內臟、阻礙氣血循環，百病叢生。老了以後若肌力不夠，更易跌倒造成嚴重傷害。《人不必活得腰酸背痛》有一套簡單的姿勢檢測方法，值得參考。

膝蓋不舒服？

我喜歡快走慢跑，但有陣子總感到膝蓋怪怪的，差一點的時候還會微疼，直覺以為是膝蓋磨損了。但經過 X 光和骨科醫師檢查，卻是完全正常。我為此納悶了好一陣子。後來努力訓練核心肌群和腿部肌力，居然膝蓋就完全沒事了！

有氧：強化心肺功能

第二個內容是大家常做的有氧運動，可強化心肺功能，改善呼吸和血液循環。有氧運動是持續有節奏地活動大肌肉群，讓心跳和呼吸一直維持在較快的狀態下一段時間，騎腳踏車、登山、健行、慢跑、快走、游泳、划船、有氧舞蹈、打球等等都是。有氧運動須量力而為，不可勉強，以免心跳負荷過重，增加猝死的風險。心跳的負荷程度可參考「最高心跳率（MHR，Maximum Heart Rate）乘以某個％」。

了解你心跳的負荷程度

女性 MHR=226 – 年齡

男性 MHR=220 – 年齡

• 剛開始建立運動習慣的人，應保持運動強度在 MHR 的 60%~65%，並維持這強度二、三十分鐘；

• 經常運動的人可提高到 70%~85%；

• 體能較弱者，就算只到 40%~50% 也可以。

【例】30 歲女性 MHR=226-30=196。初期訓練強度應控制在 196*65%= 每分鐘 127 次之內；經常運動後也許可提高到 196*70%=137 次，但不要超過 196*85%=166 次。

【例】60 歲男性 MHR=220-60=160。初期訓練強度應控制在 160*65%= 每分鐘 104 次之內；經常運動後可提高到 160*70%=112 次，但不要超過 160*85%=136 次。

拉伸：調整筋膜關節

　　第三個內容是拉伸，這是最容易被忽略的運動，甚至很多人不覺得拉一拉、伸一伸是個運動。所謂筋長一寸、壽延十年，拉伸可調整筋膜關節，讓全身骨骼和肌肉歸位，回復正確姿勢，氣血流暢。反之，若身體結構僵化，就易落枕、腰痠背痛、肩頸僵硬、氣虛血滯、代謝不佳。這些情況只能靠拉伸運動來改善，若只做肌力健身和有氧運動，卻沒做拉伸，反而可能會因筋骨僵硬而增加運動傷害的機會。我們在肌肉注射的時候，護士都會叫我們深呼吸，就是要我們放輕鬆。有護士告訴我，有些肌肉練得很強很大的人，針卻很難打得進去，而且他們也會很痛，這多半就是鍛鍊肌肉卻沒有伸展放鬆的結果。

　　《真原醫》說螺旋是宇宙間阻力最小、最有效率的運動方式，運用螺旋原理設計了七個很簡單的「基礎螺旋拉伸」動作，看著隨書光碟就會做，可以把整個脊椎做上下、左右、前後的拉伸，同時活動髖腕肘肩頸等關節，並伸展四肢腰腹胸背的肌肉。《人不必活得腰痠背痛》《伸展聖經》也有詳細圖解說明身體各部位的伸展動作，值得參考。還有《螺旋舞》，更讓每個人輕鬆自然跳出最適合自己的螺旋拉伸動作，打通氣脈、強化肌耐力、提高關節柔軟度。

　　要注意的是，拉伸運動的重點不在次數而在深度。《簡文仁運動治痠痛》就提出「慢慢伸展、漸漸用力、針對重點」的原則。靜態拉伸時，要專心感覺正在拉伸的肌肉，當拉伸到最徹底的時候，維持該姿勢至少三十秒（這很重要），但若麻或痛就應停止；配合舒緩的呼吸節奏，吸氣時膨脹胸腹、伸展筋膜肌肉，吐氣時放鬆胸

腹、全身鬆開。切記，若拉伸過度、會痛就不對了！正確的感覺是拉伸的部位適度拉緊但不痛，此時身體其他部位則都是鬆開、有空間的。另一方面，做螺旋舞、繞圈、振動等動態拉伸運動的時候，動作不見得要大，而是要輕鬆舒展，專心覺察每一個動作的感覺，最後甚至連注意力都放空，無思無想，任由身體自行主導。

若情況許可，在結束運動前，可以躺下來大休息：兩腳往兩旁伸開與骨盆同寬，兩手朝斜下方放在身體兩側，手心朝上，把全身的重量交給地板，閉眼做腹式呼吸。從頭到腳感恩你的身體，謝謝每個器官、每個細胞，跟不舒服的部位說「對不起、謝謝你、我愛你」。這樣子跟自己的身體感恩對話，不舒服的部位會有所改善，內分泌和臟腑的運行也會愈來愈好，整個人充滿正能量，連心情都會變好。

選擇適合自己體況的運動，舒服心安持續做

至於這三個內容的具體訓練動作，市面上有好多書，網路上（譬如 YouTube）更有介紹各種運動的影片，你可挑選適合自己的來做。像衛生署製作的十五分鐘上班族國民健康操，有氧跟拉伸效果都不錯。《結構調整》介紹的動作則有極佳的拉伸功效和由淺到深的肌力訓練。還有瑜伽和各門各派的功法都各有妙處，像道家長生十二式、八段錦、平甩功、太極導引、太極拳劍等等，有些著重肌力健身、有氧、拉伸的個別訓練，有些則是綜合性的全身運動。要學哪些，端視個人體況、興趣與機緣。參加某個團體或課程也是個好方法，除了健身房、瑜伽教室、個人工作室的專業教練外，公

園、社區運動中心、里民活動中心、大學進修推廣處、救國團等也都有各種運動課程，有些還是免費的。更有許多民間社團，譬如晨泳會、鄭子太極拳研究會、中華崑崙仙宗道功研究會等，也都不錯，而且這些地方多半都有老師或教練，不但效果佳，也較不易受傷。

重點是選擇適合你目前體況的運動來做，而且最好要喜歡，這樣才會持久。舒服心安才好，不必人云亦云。

運動最好有資深人士指導，以防受傷。網路資訊豐富，但有些動作看似簡單，實則眉角一堆，若不懂竅門，自己亂練，很容易不知不覺受傷。若有預算，可找專業運動教練，量身設計適合自己體況的運動種類和動作。日常輕微痠痛，參考《結構調整》《人不必活得腰酸背痛》《簡文仁運動治痠痛》《健康金三角養生法》之類的書，或是法鼓山八式動禪、道家長生十二式等，動一動就會有幫助。但若難以舒緩，就應找復健、骨科醫師、或有認證的物理治療師幫忙，復原後再找運動教練指導，改正舊習，重新出發。如何尋求幫忙？可參考《好痛痛》一書。

姿勢會說話

以上這三個運動內容做得好不好，最終可從姿勢看出來。外在姿勢的好壞其實是內在因素的綜合表現，包括肌力的強弱、筋膜的鬆緊度、骨骼關節的開展度、是否受過傷、氣血循環、腸道健康、還有情緒的好壞！我們常用來形容姿勢的用語，像英氣挺拔、風姿煥發，或彎腰駝背、萎靡不振等，都有外在和內在的意涵。

隨著年齡漸長，姿勢或多或少都會走鐘變形。尤其久坐少動

的上班族和 3C 不離手的低頭族、電腦族，腕肩頸腰多多少少都會有些問題。《結構調整》用反轉、停留、共振三原則，介紹了許多簡單易行的動作，站坐躺都可做，隨書光碟的動作示範非常清楚，男女老少都可挑幾個適合自己的來做。我自己就很喜歡在睡前或早上剛醒時，躺著做幾個動作，釋放骨盆、脊椎和四肢大關節的緊繃壓力，幾分鐘後身體就不會卡卡的。

　　一般的伸展和《結構調整》介紹的動作多半相當緩和輕鬆，即使沒有熱身，慢慢做也不容易受傷，你可以記住幾個站、坐、躺的動作，有空就伸展調整一下，等人、坐車、辦公、讀書、睡前、起床前後，都可以做，讓身體常保舒坦，心情也會跟著開朗起來。

二、運動的四個步驟

健身、有氧、拉伸這三個內容涵蓋許多運動種類，但我們每次運動時，要練哪些項目、如何進行呢？底下四個步驟可供參考。

運動會流汗，可在前一、兩小時，先分次喝水幾百 c.c.，做個準備。

第一步：熱身

正式運動前先熱身一、二十分鐘，目的是讓身體熱起來、肌肉變柔軟、活動大關節、先熟悉主活動的動作，準備接下來的正式訓練。甩手、走動、原地（高抬腳）踏步都是很好的熱身運動。以

前在學校做的國民健康操，做個幾分鐘身體就熱了。

還有，用低強度先慢慢做待會兒要做的訓練，也是很好的熱身方式。譬如要跑步，就先慢走、再快走，然後順勢變成跑步。騎自行車就先慢騎，再逐漸加快。游泳就先在水裡走幾趟，或在池邊踢一踢、拉一拉、跳一跳。

第二步：訓練

第二步正式訓練，健身、有氧、拉伸三個內容都做，或選一、兩項來做。譬如重量訓練腹背肌力後，再騎腳踏車做有氧訓練；或是重量訓練手腳肌力，再做《結構調整》去拉伸關節筋膜。如果你每次只做一樣的話，可以每天輪著變換，譬如週一練肌力、週二拉伸、週三有氧；週四到週六再循環一次，然後週日休息。訓練過程中，可以每 10~15 分鐘，分次小口喝點水，或是含一口慢慢吞下。若你運動量足夠，結束後的幾十分鐘、甚至幾小時內，全身都還會微微發熱，手腳不會冰冷。

運動後若肌肉會痠痛，隔天同樣的動作最好減量或暫停，避免乳酸等廢物持續堆積。

第三步：緩和

緩和的目的是讓身體冷卻下來、心跳降到正常水準。走一走是最簡單的緩和運動，尤其是劇烈運動後、心跳很快時，務必不要突然靜止不動或躺下來，最好是慢慢走一走，深呼吸、拉長吐氣，心

跳便可緩和下來。此時可以小口小口喝點常溫的水，若訓練較久、大量流汗，則可喝些運動飲料。最忌諱的是大口猛灌冰水，這樣也許會快速降溫，卻可能胃痙攣、傷氣血。還有，茶和咖啡利尿，會讓身體流失更多水分，也不宜在運動後飲用。

第四步：伸展

伸展就是把剛剛訓練時收縮用力的肌肉部位，反向拉長放鬆。目的是讓肌肉從緊繃回復常態，減輕肌肉痠痛並避免固化僵硬，這跟眼睛周圍的肌肉長期緊繃會造成近視之道理是一樣的。很多人喜歡走路，每天一萬步，或是打球、跑步、登山後，常忘記或不知道事後應拉伸大小腿肌肉，結果長期緊繃下來，不但可能變成蘿蔔腿，且會使膝蓋受力改變、甚至受傷；常穿高跟鞋的女生們，也是一樣。《人不必活得腰酸背痛》《伸展聖經》針對跑步、單車、球類、游泳等各種運動前後的伸展動作，有圖文並茂的說明，值得參考。

另外，即使沒有運動，伸展也是隨時隨地可做，包括睡覺前、起床後、久坐、長途旅行、打電腦、滑手機等。

要提醒一下，很多人覺得第一步運動前的熱身與第四步運動後的伸展，動作簡單無聊，所以懶得做。殊不知，不做熱身和伸展，運動效果將大打折扣！它們不僅可讓訓練更協調靈活，也可避免抽筋和運動傷害，消除肌肉痠痛，幫助肌肉修復。另外，若第二步的訓練沒有那麼激烈，心臟負荷沒那麼重，則第三、四步的緩和跟伸展合併進行也無妨。

三、快樂運動

　　放鬆心情、愉悅舒適的運動與充滿壓力、匆匆忙忙的勞動,產生的快樂腦內啡,質與量差異很大。底下是我的體會,希望大家可以快樂運動、運動快樂。

　　首先,要給個理由說服自己開始運動!為了健康、減重、健美、交朋友都好,總是不要等到身體出事了,才不得不做。多想想運動之後身體舒暢的感覺。可以找個教練、參加課程或社團,督促自己;或跟幾個合得來的朋友一起運動,甚至合租場地,固定時間報到。

　　訂個目標、克服惰性!若能針對目標用心準備,更有可能因而養成運動習慣。譬如到哪裡健行、慢跑多久或游泳多遠,甚至參加馬拉松、騎車環島、登玉山、三鐵等等。我自己就是為了泳渡日月潭練習了一年,竟因而養成了游泳的習慣。

　　運動要循序漸進!尤其是很久沒有運動的人,可以慢慢來,從低強度的運動開始,漸進增加運動強度與時間。例如先快走,進而快走一圈、慢跑一圈,然後才全程慢跑。若是韻律舞、球類等較高強度的運動,要仔細觀察自己身體的反應,倘有不適,可能是動作錯誤或強度太強,應做調整。還有,若是一時做不到固定時間規律運動,可善用零碎時間做做簡單的肌力健身或拉伸訓練,但因沒有熱身,這樣子零碎的運動應以單一緩和的動作為主,不可太激烈,

以免受傷。

　　專心運動！運動時就只運動，不做別的事。你一定看過：在健身房踩腳踏車還邊滑手機；跑跑步機還邊看電視；在操場上運動還戴著耳機聽東西！前面談過，用餐時要抱著感恩的心，專心細嚼慢嚥，才會讓消化系統運作順暢。運動也一樣，要專心方可讓身體各部位該動的動、該鬆的鬆，協調流暢；進而可更微細地覺察並感恩每條肌肉、每根神經、每口呼吸、每個動作，體會該有的效果。甩手時，感覺甩動的勁道、肩肘腕關節的轉動，及體內氣血的流暢。跑步時，感覺腳掌落地的彈性、提起的輕盈、還有一呼一吸間雙手擺動的韻律。游泳時，感覺划水的重量、踢腿的節奏、在水中前進的流線感。也許別人看到你這麼專心，不看電視、不滑手機、不戴耳機，會認為你太無趣，然而他們不知道，當意識落在身體，那種享受，只有你自己方能體會！

　　運動要自在！心情放鬆愉快，不要強逼自己。要看到運動的好處，開開心心去運動。帶著不好的心情運動，會有反效果。我曾在健身房看到有人努力運動卻滿面愁容，原來是當天股票大跌，心情起伏不定，運動效果自然大打折扣。還有，你一定有過這種經驗，本來都規律在運動，可偶爾就是有那麼一天，想偷懶、不想動。繼而又掙扎，這樣不就破壞紀律了嗎？雖說凡事總帶三分勉強，但這不就是放縱自己、不認真嗎？我就曾經要求自己每天要照表操課，而把自己搞得精神緊繃，很不快樂。後來我體會到，在勉強和放過自己之間的拿捏，次數和心情是關鍵。偶爾偷懶、放過自己，可能因為偷得浮生半日閒而心情更好。但若常這樣，次數多到會責怪自己，罪惡感愈來愈重，那就是放縱了。

　　能做到專心又自在，應該就運動得很快樂了。再進一步，更可進入動靜合一、甚至無思無想的境界。一開始是很自在、很專心去覺察身體的微細感受，然後逐漸忘記這些感受，在念頭安靜當中，讓身體主導，繼續動下去。譬如跑步就跑到連身體的感覺都沒有了，四周景物視而不見，只剩下手腳自行交替前進，不是你在跑步，而是跑步來跑你。游泳就游到連水聲也聽而不聞，只剩身體順著游水的節奏自然前進，不是你在游泳，而是游泳來游泳你。螺旋舞更可讓體內的一股力量帶著，自行擺動扭轉，跳出屬於自己的韻律，根本就是螺旋舞來跳你。此時，動中有靜、靜中有動，在動靜合一之中沒有任何念頭，無思無想，不帶絲毫勉強，意識融入身體，心身自在運行，一種無名的快樂油然而生。運動做到這樣的地步，可說是動態的靜坐。這跟前述靜態的靜坐，從專注在一個念頭的數息、觀息，進到什麼念頭都沒有的隨息，有異曲同工之妙。

　　今後，如果你又在投資的追高殺低中忐忑不安，去運動吧！把意識落在身體可以緩和念頭，然後，心，會給你答案。

排毒：
簡易排毒六招

理財有毒！當你因為理財而七上八下，就是中了理財的心毒。心毒之外，還有生理毒素也逃不掉。我們透過「均衡、低溫、原味」的健康飲食雖可大量減少吃進來的毒素，但除了吃喝外，擦的、染的、刷的、用的、穿的、住的、呼吸的，到處都有毒。所以，排毒就變得格外重要，生理毒素和心毒都須清理乾淨。毒物和養生專家韓柏檉博士在《真原味的實踐》就提出好東西進、壞東西出的排毒邏輯：進入的毒少、排出的毒多，自然比較健康。

好想吃香腸、豬血糕、泡麵、精緻糕點……！很多時候，我們就是嘴饞，若真的忍不住，就吃些吧，求個心安、降低心毒。但記得：淺嚐即可，然後努力排除吃進來的毒！

排毒方法很多，包括食療、藥物、特殊沐浴、甚至灌腸、靈療等等。我自己體驗的簡易排毒六招：排泄、排汗、睡覺、呼吸、正念、學 baby，你我每天都在做，不用花錢，只要用點心，便有奇效。

心安吃泡麵

用煮的話，水加個兩、三倍，再加點青菜；然後吃麵、吃菜，不喝湯，因為有害的添加物或炸麵體的壞油都會在湯裡。

用泡的話，無法多加水，那就先泡一次，把水到掉，然後再泡，但調味包只放 1/4~1/2，吃麵不喝湯。

一、排泄

　　大便排出固體廢物，小便排出水溶性廢物。正常的腸道應每六小時排空一次。故若能每天大便兩、三次最好，至少也要一次，但若太多次就可能是大腸躁鬱症，反而不對。健康腸道的糞便粗細像香腸或香蕉、兩端稍圓、沒有臭味、長十公分以上，愈飽滿愈長愈好，而且便後馬桶裡的水清澈不混濁。若惡臭、黏稠、顆粒狀、不成形或細到像鉛筆，灰白、紅、黑色都不排除是生病的跡象。若僅是深色食物的染色（像紅火龍果）應該一天就恢復正常，若幾天都未改善，輕則因口味太重、食物跟體質不合或痔瘡，重則可能是大腸癌！應速就醫，切莫掉以輕心。大便要暢通，首要多吃蔬果、喝對水，少吃煎炸烤和重口味。運動也很重要，可促進腸胃蠕動，幫助排泄。若吃點益生菌或常順時鐘繞著肚臍推壓腹部，也有助益。有關糞便健康與否的分類，可上網參考「布里斯托糞便分類法（Bristol Stool Scale）」。

　　至於小便，若要暢通，重點在喝對水，可回頭看看飲食的章節。小便若色深、刺鼻，就是有問題。輕是水喝太少，重則泌尿系統生病。為了照顧腎臟，除了正確喝水外，口味也不要太重，當然更要避免酗酒、濫用藥物。

二、排汗

　　排汗可排出重金屬和脂溶性毒素，並可調節體溫與自律神經、提升代謝力、甚至燃燒體脂肪而減肥。重金屬是脂溶性的，藏在人體的脂肪裡面，大小便無法將之排出，只能靠持續運動幾十分鐘以上、燃燒脂肪，方能被大量的汗液帶走。德國體育醫學龍頭艾倫斯特博士發現，所有運動選手中，唯獨馬拉松選手沒有癌症的病例。每天跑三十公里以上的馬拉松選手，體內深處累積的鉛、銅、鎳、鎘等重金屬，被大量排汗帶出體外，徹底去除癌症的一大根源。

　　運動時，身體會先燃燒醣類，然後才是脂肪。故若要燃燒深層脂肪排出重金屬（燃燒脂肪也是減肥喔），就須持續做一段時間的中強度運動，譬如快走、慢跑、游泳、登山、重量訓練等；至少十分鐘，能到三十分鐘以上最好。有些人會泡腳、泡澡或洗三溫暖來排汗，但因肌肉和心肺沒有太大的動作，脂肪燃燒有限，故排出的大多只是水而已。其實平常什麼事都不做、就算只是睡覺，也會排汗，只是排毒功效有限。

　　要順暢排汗，就須維護皮膚健康。這包括適度日曬、洗澡並摩擦身體，當然還有運動。冬天陽光溫暖，人人愛；夏天日出後兩小時和日落前兩小時是曬太陽較好的時段，其餘時段陽光太強，在窗邊或野外的樹蔭間接曝曬就好，以免紫外線傷害。皮膚呼吸要順暢就應避免毛細孔阻塞。平常塗抹在皮膚的化妝品、保養品、香

皂、沐浴精、洗髮精等東西愈少、愈天然愈好；且應天天洗澡、卸妝，別讓這些塗抹的東西待在皮膚上過夜。若身體不髒，沖掉汗液即可，不見得要每天都用沐浴精，以免過度洗去皮膚上的油脂，造成皮膚乾澀。洗澡中或後，可摩擦身體，幫皮膚按摩。還有運動排汗，更是皮膚健康不可或缺的法門，可促進皮膚的血液循環，讓皮膚得到足夠養分。

排汗時記得適度補充水分。喝常溫的水最好，大量排汗後可喝點運動飲料。不要喝利尿的咖啡或茶，不然反而會流失更多水分。請人吃飯不如請人出汗，每天大量排汗一次，健康又美容！

你吃了多少塑化劑？喝夠水、排泄、排汗就可排出

這些事，都會讓你吃到塑化劑：

✓ 用泡麵附的保麗龍碗，沖熱水吃

✓ 用紙杯裝熱咖啡或茶

✓ 用塑膠餐盒帶便當，外面買熱食，裝在紙餐盒便當裡

✓ 熱食裝塑膠袋，像餐廳剩菜、麵、湯、蚵仔麵線等等

✓ 家裡剩菜用保鮮膜封好，接觸到食物，隔天微波後吃

✓ 宴席菜佛跳牆、燉雞湯的甕口，用保鮮膜封住加熱

✓ 瓶裝水放背包、機車儲物箱、汽車後車廂

✓ 重複使用瓶裝飲料的塑膠瓶

……

三、睡覺

　　睡覺不只是讓忙碌一天的心身休息，也是排毒的重要方法。2017 年諾貝爾生理醫學獎頒給了人體生理時鐘的研究學者，其發現和中醫經絡配合時辰運行的養生法，不謀而合。晚上 10 點後腸胃蠕動速度減慢，不要再吃東西，應放鬆，醞釀睡意，然後在深夜 11 點到凌晨 3 點間熟睡，以利肝膽排毒造血、促進代謝、提升免疫功能。凌晨 3~5 點則是肺的排毒時間，也應熟睡。

　　你若不想失智，就請正常睡覺，不要熬夜。因為大腦毒素若排不乾淨，就有可能會導致阿茲海默症和其他精神疾病，而睡覺正是大腦排出廢物的唯一方法。淋巴腺是排出體內廢物的重要通道，但你知道嗎？大腦竟然沒有淋巴！大腦是用腦脊髓液把廢物沖刷帶走，而這整個過程只有在睡眠時才會發生，可上網看看 TED 講堂的《為什麼睡眠如此重要》。

　　古人日出而作、日入而息，符合生理時鐘的運作。人體調節醒睡模式與晝夜節律的賀爾蒙 - 褪黑激素，只有日落後才會被製造出來。晚間開燈、徹夜不睡，褪黑激素分泌不足，被認為是發達國家癌症橫行的元兇之一。所以，睡覺時最好不開燈。若怕黑或跌倒，最多就在走道或洗手間裝個小夜燈。

　　如果你忙到睡得很少，化整為零也可以改善睡眠。利用搭車、午休、等待的零碎時間，（閉眼）做腹式呼吸，會有很好的休息效

果。若你有睡眠障礙的問題，《好睡》書中有全方位幫助好眠的許多練習，包括呼吸、運動、心態、飲食等等，頗值一讀。

四、呼吸

　　呼吸是從肺臟排出微細廢物，不只二氧化碳氣體，也包括痰液、鼻涕等。我們都知道要多接近充滿芬多精、臭氧和負離子的森林、瀑布、溪流，遠離都市廢氣。但若要到戶外運動（尤其有氧運動）最好在白天，不要在晚上或一大早四、五點，天還沒亮的時候。因為這些時候的空氣最髒！在車多的都市或工廠林立的地區，白天產生的廢氣微粒到了晚上都沉積在地面，要等太陽出來後，地面的空氣被加溫產生對流，方可排除。若是在植物多的地方，夜晚釋放的是人體討厭的二氧化碳；要天亮有陽光才會放出人體喜歡的氧氣。

　　空汙嚴重時儘量待在室內，所以室內的空氣汙染也要注意。除了放幾台空氣清淨機、勤洗被單衣物外，更要儘量去除汙染源。譬如地毯或窗簾的棉絮、油漆壁紙或裝潢塗料揮發的有害氣味、化妝或殺蟲的各種噴劑、油煙蚊香二手菸的有害煙霧、寵物毛髮皮屑等等。當然，放幾盆可吸收有害氣體的室內植物也不錯，可到環保署網站下載淨化室內空氣植物手冊。

　　前面談過呼吸可以靜心，四短一長的淨化呼吸法更能有效排毒。正確的呼吸除了會排出生理毒物、改善內分泌和免疫系統之外，也可排除心理毒素、減低壓力，進而帶動心身同步。

五、正念

　　正念可以排毒！著有《零極限》等書的美國心理專家修・藍博士（Ihaleakala Hew Len, Ph.D.）就是運用正念排毒治病的泰斗。他採用夏威夷古老的意識療法，治好了數千個病人，包括夏威夷州立醫院一群危險的精神病患。他不接觸病人，只需知道姓名、生日、現住地、病歷，即使相隔千里也沒關係。然後他每天觀想三十分鐘，持續一個月，想像自己和病人一體，不斷重複說：「對不起、原諒我、謝謝你、我愛你」，利用自己的清淨心，清除潛意識裡共有的負面資訊，釋放共有的負面能量，從而清除病灶、治癒病人。淨空法師在 2012 年跟修・藍博士在 YouTube 上有段精彩對話，用佛法去印證他的理念和方法。《真原醫》裡提到的安慰劑效應也是情緒會影響病症的明證。（醫生開個維他命之類無療效的方子，病人以為有療效，得到安慰，產生正面情緒，結果就真的改善病情。）

　　反過來講，每個人都有的負面情緒，也是無法避免的。那怎麼辦呢？接受負面念頭，啟動正面念頭！接受負面念頭的存在、不必想消除、對抗或躲它；只須啟動正面念頭即可。譬如事情沒做好，就接受沒做好這個事實，不要怪自己或別人，反而要相信一定可以做好（只不過也許還沒找到方法）。許瑞云在《哈佛醫生心能量》一再用她的治病實例說明，把注意力放在事情好的一面，就可跟好的能量共振，遠離壞的能量。譬如人家罵我，就想想他的話對我有

無幫助？有，謝謝他；沒有，一笑置之。如果被罵就生氣或自責，那就是拿別人開罵的錯誤來懲罰自己，何苦？《真原醫》也說要改掉舊習慣最好的方法，不是去對抗它，因為愈對抗會愈想它，腦裡的神經迴路就刻得愈深而愈難改掉。反之，若不斷練習新的作為，在腦內刻出新的神經迴路，自然可內化成新的習慣。故若想不被負念影響，最好的方法就是直接啟動正念！日常表達念頭和情緒的語言和文字要小心，因為它們有強化的作用。譬如你對某人不滿，若說「我覺得你很差耶！」就是在強化負面念頭。相反的，你若說「我相信你可以更好！」則是在負面的環境中，喚出正面的能量。

我常努力提醒自己做「一負一正」的練習。當發現一個負面念頭出現的時候，就趕快想一個正面念頭。譬如有人每次看到我，總是會問東問西，我心中不自覺就浮出「很煩」的負面念頭。此時我就問自己，他問東問西這個行為有好的一面嗎？「他就是關心我，才會這樣問」、「他就是信任我，才會想跟我講這麼多話」、「我只須聽他講話，就可幫助他」等等。就這樣練習，從一負一正，到一負二正、一負三正……，就可逐漸增加正念，減少負面。

另一個練習是「轉念」。負念出現時，先做幾次腹式呼吸，讓自己平靜下來。然後不理它、轉個念，看好不看壞，正念就被啟動了。就像基督徒遇到任何事，就會祈禱：「主啊！謝謝您……祈求您……」，直接啟動正面能量。佛教徒也很簡單，一句：「阿彌陀佛！」或「菩薩保佑！」立刻化解負念、正念繚繞。

啟動正念還有好多簡單的方法。祈禱、拜拜、念咒、讀正面的文章或聖經佛經等宗教典籍、聽平和的或靈性的音樂、看幾幅會感動的好畫、接近大自然、接觸天真的幼童、跟寵物講講話、寫下

心中正負念頭抒發、聽聽別人正面的意見等等，都可啟動正念。晨起、睡前、隨時隨地做先前提到的感恩、懺悔、希望、回饋心靈四功課，更是啟動正念的捷徑。

六、學 baby

baby 天真無邪！嬰兒的情緒不會壓抑，想哭就哭、愛笑就笑；也不會逗留，這會兒大哭，下一秒就可以破涕為笑。我們大人就不一樣了，情緒放不開，且會逗留好久好久。開心可以興奮一整天，記恨甚至會記一輩子！

情緒有毒！我們都沒有發現自己被情緒綁架得多嚴重。被老闆罵，不敢回嘴，於是委屈氣憤幾天、幾個月都不消，整個人變得悶悶不樂。跟別人吵架或看別人不順眼，苦水往肚裡吞，委曲求全幾個月、幾年，身體就悶出問題。晚上在家做點公事，卻被小孩吵得心神不寧，氣到胸悶鬱卒。賺了錢、升了官，一整個月走路都有風，連睡覺都在笑，卻反而睡不沉、沒排毒。七情六慾沒被滿足，期待或沮喪的情緒就揮之不去。慾望滿足了，快樂一下，卻又覺得好像也沒什麼。日常生活中，情緒被壓抑和逗留的例子，比比皆是，我們都不自覺地中毒太深！

醫學上早已證明，情緒跟內分泌息息相關。大喜大悲都會讓人內分泌失調。然我們是人，是人就一定會有情緒，免不掉的。那要怎樣方可減少情緒的影響呢？

學 baby：不壓抑、不逗留

不壓抑，是把情緒放出來，就像 baby 一樣，想哭就哭、想笑就笑。若你是一個人生悶氣或暗爽，要釋放情緒，可以去運動、爬山、唱歌、大叫、看電影、丟石頭、捶枕頭、讀書、靜坐、寫日記，或是跟另一半談心、對好友傾訴、跟寵物說話。去讀讀歷史，看看高山、大海、草原、星空、蒼穹，面對浩瀚宇宙和時間洪流，突然意識到人類的渺小，也就沒什麼好爭的了。

另外，若跟別人互動時情緒波動，儘量當場講出你的看法和感覺，跟對方好好溝通。但若時機不對，就先忍一下，再儘快找別的場合把情緒釋放出來，然後想辦法再次溝通。溝通時，《與成功有約》提到的「先聽再說」雙贏溝通技巧很值得參考。愈有自信的人愈常自顧自地滔滔不絕，愈難做到「先聽」。其實有效的溝通，應先站在對方的立場，設身處地、感同身受去了解對方真正的想法和感覺，然後才說出你要講的。這一點，我一直都做得不太好，還好身邊有最親密的家人常常提醒我，感恩。

不逗留，是釋放情緒後就儘快恢復正常。我覺得這很不容易，但可以練習。在此就跟你分享我自己有限的一點經驗。

首先，大喜大怒、情緒起伏劇烈的時候，不要做決定、不要立刻回應。不妨先深呼吸幾口，停幾秒再回應，然後想辦法儘快脫離現場。譬如你可以說：「抱歉……（你講的不無道理）……我想一下再答覆你。」然後，聖嚴法師說的「面對它、接受它、處理它、放下它」就可派上用場。譬如被老闆罵的時候，一定會有委屈、憤怒、不平、後悔、自責等情緒。在充滿情緒的那個當下，不要辯解、

不要分辨對錯，先面對被老闆罵這件事，跟自己說：「我被老闆罵了」。然後，不管甘不甘願，就接受它，跟自己說：「好，我被老闆罵了」。此時，情緒應該還沒消逝，你可以用前述不壓抑的方法，當場或稍後，去把情緒釋放出來。經過這樣的緩衝之後，再平心靜氣去處理它，情緒愈少愈好。處理完之後，不帶任何情緒地放下它，跟自己說：「都過去了。」最忌諱的是，邊做邊罵，還想著加倍奉還，這樣不斷擴大情緒，會沒完沒了。說不定對方早忘了，你卻還在那兒鑽牛角尖。到頭來，你的內傷都是自作自受。

我們應該學 baby，事來則應，事過即忘。若今天生氣或高興一整天，可以練習下次就半天、兩小時、十分鐘……，這樣不斷提醒自己，逐漸縮短情緒停留的時間。靈性大師古儒吉（Ravi Shankar；Guruji）說，情緒停留的時間，最好能像湖面的水痕，幾秒鐘就回歸平靜。

楊定一博士說：「It's all OK ！一切都好！宇宙不會犯錯。」

這本健康別冊分享的靜心、飲食、運動、排毒，其實就是透過韓柏檉博士說的養分進多出少、毒素進少出多，去追求心理和生理的健康。日常多些感恩和愛，用「認真，不當真」面對生活，減少理財和悲歡苦樂的情緒波動；再「緩和念頭」，把心靜下來，減少心毒。同時「均衡、低溫、原味、輕烹調」，攝取好的營養，避開飲食毒素。再用排毒六招清除剩下、沒避掉的心身毒素。在這整個過程中，運動是很棒、很全面的！除了維持骨骼、肌肉、循環的

運作，享受無思無想的快樂運動之外，運動更總攬排毒六招的所有功能：促進內臟循環和腸胃蠕動，以利排汗及排泄；睡得好、排除肝毒；深度呼吸排出肺毒；分泌快樂腦內啡、啟動正念；更讓意識落在身體，緩和念頭、減少心毒。

後記

心安理財，有錢又有命，然後呢？

　　失去健康之前，我一直奉「盡人事、聽天命」為圭臬，凡事反求諸己、盡力而為，然後儘量心平氣和地接受應有的後果。我也記得要多做善事，總覺得善有善報，自己可以長命百歲。但是，病魔還是找上了我！從決定動手術開始，我就把所有銀行帳戶和保險細節都交代給妻子，也跟兩個對人生似懂非懂的寶貝兒子說了些心裡話，那是我第一次真正體會到生不帶來、死不帶去的空虛。

　　手術前一天，全家陪我住進了醫院，那是個話不多、卻故作輕鬆的母親節。進手術房那一刻，我心裡突然冒出一個可怕的念頭：「不知道能不能再出來？」躺上手術台，望著天花板以往只有在電影才看過的白光大圓燈，身邊一堆白衣人走來走去……。手術後，我痛苦地復原，不知道能不能再上班？還要再花家裡多少錢？如果我走了，摯愛的妻兒怎麼辦？回想從小到大的種種，有甘有苦，更有許多不捨。我不禁問：「到底為什麼來到這個世間？人應該怎麼活？死了會怎樣？有前世來生嗎？」

　　這兩本書從理財談到健康，都是在人間這具有形有相的軀體上打轉。若從《真原醫》身、心、靈合一的角度來看，這最多只是分享我自己在身和心方面的實踐心得，對於無形無相的「靈」幾乎沒有著墨。我雖因失去健康的恩典，深刻體會到生命的無常，因而回應了靈性的呼喚，但也僅只於此，談不上有什麼靈修的心得。世

間有些人會在遭到疾病、感情、事業、學業、家庭等的重大失落之時，踏上靈性的旅程去尋求解答或安慰；更有些人不落世俗，不論貧富貴賤、病殘康健，都可自在優游於無形的靈性之中。然而本書分享的，是像我這種平凡人的生活經驗：「努力工作賺錢，想安頓心身，有時卻覺得好累、有點茫然，會想脫離一下，找個地方清靜清靜，也許偶爾感受到一點靈性的悸動。」我們這種人在追求心身安頓的過程中，有些人因為種種因素而難以安頓，但多數人只要願意面對並接受自己真正的能力和資源，腳踏實地，至少都可達到某種程度的平安。

我分享的做法，只是個人因緣際會實踐後的一點小小體驗。其實，不管用什麼方法，只要你可以心身安頓，都值得恭喜。然而，心身安頓有個盲點。一個人若日子過得好，就可能耽於有形有相的物質生活，卻遠離了反觀無形無相靈性的機緣。這兩本書以「心安」為主軸，貫穿理財和心身健康，就是為了避免我們在理財和保健的過程中，反被無窮慾望和貪怕帶走而心神不寧。

我想說的是，若你有剛剛好的金錢安身立命，也少病少痛，那已是人間第一等幸福的人了。然而，擁有這些金錢與健康是有條件的，你須認真規劃執行，加上不太差的運氣。可是很殘酷的是，這些條件有一天終會改變或消失。運氣變差了、健康走下坡了、大環境變壞了、意外發生了等等。到那時，你的幸福感將會降低、甚至蕩然無存。

那麼，我們有沒有可能找到無條件的永恆快樂呢？根據許多宗教、靈性科學以及楊定一博士在《全部生命系列》作品中的說明，是的！是真有可能的！但不是在有形有相的人間尋覓，而是要

回到無形無相的靈性世界。更有意思的是，這完全不靠時間、無需理財、甚至不需要健康，只要活在「這裡／現在」，就隨時都可讓真正的自己浮現出來。印度一代聖哲拉瑪納・馬哈希（Sri Ramana Maharshi）在其《走向靜默 如你本來》（*BE AS YOU ARE*）書中，及當代知名心靈大師艾克哈特・托勒（Eckhart Tolle）在其名著《當下的力量》（*THE POWER OF NOW*）中，對此也有許多開示和指引。

　　從事投資和保險的理財活動，最容易因為貪念和恐懼而心浮氣燥。但若能「量力而為、知足常樂」去許願，再運用「保險準，投資穩」的手法去圓夢，就不至於好高騖遠、坐立難安，從而做到心安理財。有了充分的財務保障，加上靜心、飲食、運動、排毒，便可維持這個有形肉身的健康，避免心身的病痛把靈性的意識困住，從而在心身安頓當中，鋪陳讓無形靈性浮現的契機。也許，當機緣成熟時，就可頓然醒覺，發現生命的本質，悟得「身心靈合一」的真健康。YouTube 上有段《古儒吉大師談靜心的奧秘》的影片說，安靜的心是靈性的食物，我們餓了要吃東西，靈性也渴望一顆安靜的心加以餵養。

　　就以靜坐來說，在有形有相的人間靜坐，可以改善生理和心理的健康。但若從「全部生命」的眼光來看，靜坐其實不只侷限於有形有相的姿勢或方法，而是透過「緩和念頭」，在頭腦安靜下所帶出來的一種心境，一種對人生真相的了悟。知道除了人間無常的有形有相之外，還有一個無形無相的永恆真實存在。這樣的領悟，可以幫助我們體會到比金錢和這個肉體更寬廣的靈性喜悅，用更平和的心去面對日常的喜怒哀樂，譬如投資失利、賺大錢、病痛纏身、別人對你不好，或別人對你很好等等。當你清楚知道這些都只是有

形人間舞台劇的一幕，演完就過去了，你就不會過度興奮或生氣鬱悶，搞不好你甚至還歡迎它來，好讓你磨練演技。這種心境，並不需要在特定時間、用特定姿勢和方法才體會得到，反而可以時時刻刻存在心中。如此，就等於隨時隨地都在靜坐。這種「落回到心」的靜坐，就不會執著於靜坐過程中出現的任何現象，於是，遮蔽頭腦的雲霧自動散開，靈性的陽光自然照射出來，而這也就是楊定一博士所說「人生最大的機密，是透過有形有相找到無形無相。」

一切都是最好的安排。謝謝你的閱讀，感恩！

所以，心安理財，有錢又有命，然後呢？

不必等然後，只要這裡 / 現在。

不悲過去，非貪未來；心繫當下，由此安詳。

附錄

塑膠五不 524

口訣	項目	說明
【五不】 不熱、不油、 不酸、不微 波、不彩色	不裝熱食	塑膠標示的「耐熱」溫度只是「不變形」的溫度，並非「溶出毒物」的溫度；事實上，所有的塑膠遇熱都會釋出塑化劑，所以塑膠只能存放冷的東西，裝熱食就很危險，也不要用微波爐加熱
	不裝有油食物	塑化劑是脂溶性的，遇到油脂就會溶出
	不裝酸性食物	有些塑膠（3 號 PVC、7 號 PC）即使裝冷食，只要遇到酸（番茄、鳳梨、檸檬、醋等）也會釋出塑化劑
	不微波	微波無法控制溫度，很容易太熱使塑膠釋放毒物
	不選彩色塑膠	譬如彩色的吸管；因為有色染料都含重金屬，應選透明或是碳黑色的較安全
【524】 5 號最安全； 2、4 號次之	5 號聚丙烯（PP） 相對較安全，但 仍有風險	PP 白色半透明，耐撞擊，耐熱達 135°C，可用蒸氣消毒，但要記得耐熱 135°C 是指不變形，不見得不會釋放毒物
		PP 常見於塑膠碗、便當盒、豆漿 / 米漿瓶、沙拉油瓶、乳品瓶罐，還有 100% 純果汁、優酪乳、果汁飲料、乳製品（如布丁）等瓶子，以及食品塑膠盒、水桶、垃圾桶和籃子
		PP 是唯一可微波的塑膠容器，但應避免高油脂食物，且不可加熱太久導致高溫；其實微波最安全的容器還是玻璃、陶瓷，任何塑膠最好都不要微波（再度提醒，不變形不代表沒有放毒！）
	PE 乃工業、生 活上應用最廣 的塑膠，有 2 號 高密度聚乙烯 （HDPE）與 4 號 低密度聚乙烯 （LDPE）兩種	HDPE 耐酸耐鹼，但耐熱最多只到 60°C，比 LDPE 硬，多半為不透明，手感似蠟；常見於不透明的厚塑膠袋，及半透明或不透明的塑膠瓶，如清潔劑、洗髮精、沐浴乳、食用油、乳品瓶和農藥容器等
		LDPE 可見於牛奶瓶、軟片盒，尤其是現代生活中無所不在的薄塑膠袋、塑膠布、保鮮膜；一些路邊攤會用塑膠袋套住碗盤後，再盛裝麵、湯等熱食，以免洗碗；還有我們到餐廳外帶或是吃不完打包用的塑膠袋，多是 LDPE，糟糕的是，LDPE 耐熱最多只到 60°C！下次要外帶或打包，最好自備鍋子

口訣	項目	說明
1、3、6、7號塑膠都有很多危險因子	最好儘量避免	1號PET俗稱寶特瓶（瓶底有個圓點）遇熱40℃就會釋出毒素、70℃就會變形，只要在大太陽下，寶特瓶就很危險，譬如將瓶裝水放在曝曬之車內或背包裡；國外研究更指出，寶特瓶內儲存十週後，即使未開封也會產生毒物！所以最好不要重複使用
		3號聚氯乙烯（PVC）加了很多塑化劑，所以很柔軟、透明具光澤，但耐熱及耐冷差，遇熱、油、酸都易釋出塑化劑；常見於保鮮膜、塑膠膜、塑膠盒、手套、水管、雨衣、書包、建材、糕餅盒、植物油瓶、清潔劑瓶等，其透明瓶底有一條線
		6號PS聚苯乙烯、有發泡的俗稱保麗龍，70℃就會釋出苯乙烯致癌物，故小吃攤熱食或加熱水到泡麵附的保麗龍碗都很危險；未發泡的PS輕折就會有白痕，若用在養樂多瓶、優酪乳、布丁盒、冰淇淋盒等冰涼食物還算安全，但外帶熱咖啡、熱茶的杯蓋若是PS，還有開會常提供的塑膠白色免洗杯，若拿來裝熱水，就很危險
		7號的美耐皿（樹脂）餐具耐磨耐摔，但只要有刮痕或遇熱40℃，就會釋出三聚氰胺劇毒；嬰幼兒的摔不破餐具多是美耐皿，只能裝冷食，絕不可裝熱食；最難以避免的是，絕大多數的小吃店、甚至許多大餐廳的碗、盤、筷、碟、湯匙等，都使用美耐皿，且因重複使用，幾乎都有刮痕，不論裝冰、麵、湯，都很危險；外食族除了自備碗筷之外，幾乎不可能避免
		7號的壓克力（PMMA），因為透明度佳且不易碎裂，常被做成高腳杯或調酒杯，但其實壓克力不耐酒精，並不安全
		同屬7號的PC材質，會釋放雙酚A，加拿大已禁用

註：本表乃作者由參考書目和市面資訊整理而得，僅供參考

參考書目

《真原醫》楊定一，天下雜誌

《真原味的實踐》韓柏檉、張幼香，天下雜誌

《排毒舒食盛宴》韓柏檉、張幼香，天下雜誌

《遠離生活中的毒物》韓柏檉，原水文化

《降癌 18 掌》韓柏檉，白象文化

《食在安心》江守山，新自然主義

《別讓房子謀殺你的健康》江守山，新自然主義

《癌症，當然可以預防》江守山，新自然主義

《吃錯了，當然會生病》陳俊旭，新自然主義

《吃對了，永遠都健康》陳俊旭，蘋果屋

《不生病，實在很簡單》陳俊旭、陳怡靜，新自然主義

《解開你的體質密碼》陳俊旭，三采文化

《發炎，並不是件壞事》陳俊旭，新自然主義

《孫安迪超強抗病力》孫安迪，方舟文化

《孫安迪教你排毒解毒》孫安迪，文經社

《把不小心吃進去的毒排出來》孫安迪，廣毅文化

《全食物密碼》陳月卿，大開資訊

《全食物再發現》陳月卿，大開資訊

《不一樣的自然養生法》吳永志，原水文化

《餐桌上的偽科學》林慶順，一心文化

《餐桌上的偽科學 2》林慶順，一心文化

《譚敦慈的安心廚房食典》譚敦慈，三采文化

《安心食》超級電視台著，譚敦慈、劉怡里審定，三采文化

《為健康把關的 57 堂課》東森財經新聞台、潘懷宗，台視文化

《健康生活你做對了嗎》潘懷宗、隋安德、許晶晶、東森財經新聞台，遠見天下文化

《補對體質，更養生》楊世敏，天下生活出版

《補錯了，更傷身》楊世敏，天下生活出版

《祛濕寒百病消，調養及治療》楊世敏，天下生活出版

《台灣蔬果生活曆》陳煥堂、林世煜，天下文化

《恐怖的食品添加物》安部 司，世潮

《超市食品恐怖真相》河岸宏和，世潮

《正確洗菜》顏瑞泓，商周出版

《安心吃油》山嶋哲盛，采實文化

《吃好油的健康奇蹟》藤田紘一郎，如果出版

《不生病的生活》新谷弘實，如何

《真逆齡》陳亮恭，天下雜誌

《當你改變意念，癌症就不存在》黃聖周，時報出版

《空腹奇蹟》船瀨郡介，商周出版

《日用品安全全書》陳怡儒等，易博士文化

《食品安全全書》周琦淳等，易博士文化

《毒物專家絕不買的黑心商品》吳家誠，采實文化

《排毒專家沒教的 1001 養生宜忌》元氣工作室，漢宇國際文化

《結構調整》楊定一、吳長泰，天下生活出版

《螺旋舞》楊定一，天下生活出版

《人不必活得腰酸背痛》向志超，商周出版

《伸展聖經》包柏·安德森（Bob Anderson），天下文化

《健康金三角養生法》蔡凱宙，原水文化

《簡文仁運動治痠痛》簡文仁，天下生活

《好痛痛》好痛痛醫療資訊站，拓客

《哈佛醫生心能量》許瑞云，平安文化

《哈佛醫生養生法》許瑞云，平安文化

《哈佛醫生養生法 2》許瑞云，平安文化

《轉念，與自己和解》許瑞云，皇冠文化

《轉變自己 - 讓自己快樂的 25 種方法》印度聖者 古儒吉大師的談話，生活的藝術國際（股）公司

《活出愛》單國璽口述，蘇怡任採訪撰述，啟示

《正念的奇蹟》一行禪師（Thich Nhat Hanh），橡樹林文化

《正向能量創造法則（Psychic Protection-Creating Positive Energies for People and Places）》威廉 · 布魯姆（William Bloom），商周出版

《心靈能量（The Hidden Determinants of Human Behavior）》大衛 · 霍金斯（David R. Hawkins），方智

《我修的死亡學分》李開復，遠見天下文化出版

《與成功有約（The 7 Habits of Highly Effective People）》史帝芬 · 科維（Stephen R. Covey），天下遠見出版

《靜坐的科學、醫學與心靈之旅》楊定一，天下雜誌

《靜坐修道與長生不老》南懷瑾，老古文化事業

《聖嚴法師教禪坐》聖嚴法師，法鼓文化

《你是幸運的》詠給 · 明就仁波切，橡實文化

《世界上最快樂的人》詠給 · 明就仁波切，橡實文化

《神奇的內核心呼吸》陳慕純、吳妍瑩，聯合文學

《呼吸的自癒力（The healing power of the breath）》理查 P. 布朗、柏崔霞 L. 葛巴合著，楊定一、楊元寧導讀推薦，天下生活出版

《好睡》楊定一，天下生活出版

《全部的你》楊定一，天下生活出版

《神聖的你》楊定一，天下生活出版

《不合理的快樂》楊定一，天下生活出版

《等著你》系列 CD，楊定一，風潮音樂國際

《你，在嗎？》CD，楊定一，風潮音樂國際

《重生：蛻變於呼吸間》CD，楊定一，風潮音樂國際

《呼吸瑜伽》CD，楊定一，風潮音樂國際

《真實瑜伽》CD，楊定一，風潮音樂國際

《光之瑜伽》CD，楊定一，風潮音樂國際

《四大的瑜伽》CD，楊定一，風潮音樂國際

《走向靜默，如你本來（Be As You Are）》室利·拉馬納 · 馬哈希（Sri Ramana Maharshi），橡實文化

《當下的力量（The Power of Now）》艾克哈特·托勒（Eckhart Tolle），橡實文化